トム・ラス
ドナルド・O・クリフトン
高遠裕子［訳］

心のなかの幸福のバケツ

仕事と人生がうまくいくポジティブ心理学

HOW FULL IS YOUR BUCKET?
Positive Strategies for Work and Life

日本経済新聞出版社

HOW FULL IS YOUR BUCKET?

Positive Strategies for Work and Life

by Tom Rath and Donald O. Clifton

Japanese translation rights arranged

with Gallup Press, a division of Gallup, inc., New York

through Tuttle-Mori Agency, Inc., Tokyo.

祖父であり、共著者であり、メンターでもあった

ドン・クリフトン（一九二四―二〇〇三年）に捧ぐ

はじめに

祖父のドン・クリフトンは、ネブラスカ大学で心理学を教えていた一九五〇年代はじめ、大きな問題に気がついた。心理学の研究といえば、不安の分析など、人の「ネガティブな面」に関するものばかりなのだ。

「ポジティブな面」を研究するほうが、ずっと大事なのではないか。そう思いはじめた祖父は、その後五〇年以上にわたって、「ネガティブな面」ではなく「ポジティブな面」に的を絞ったインタビュー調査を仲間と共同でおこなってきた。その数は数百万人にのぼる。

調査をはじめてすぐ気づいたのは、人の生活は他人とのかかわりによってつくられる、ということだった。友だちと長時間おしゃべりしているときも、レストランで注文するときも、誰かと接するとき、わたしたちはなんらかの影響を受けている。何も感じないということはまずない。気持ちが明るくなるか、暗くなるかのどちらかだ。そんなことはあたりまえだと思うかもしれないが、積み重なれば人生を大きく左右することになる。

祖父が研究を続けていた一九九〇年代、人の「ポジティブな面」を重視する新たな学問、ポジティブ心理学が誕生した。[1] いまでは、世界をリードする研究者の多くが、ポジティブな感情の効用を研究している。

二〇〇二年、全米心理学会は祖父の功績を認め、「ポジティブ心理学の祖父」「強みの心理学の父」という称号を贈った。だが、この年、祖父は進行性の末期癌に侵され、すでに全身に転移していることを知る。余命いくばくもないことを知った祖父は、最後の数カ月を、自分の得意なこと、そしてまわりから期待されていることに取り組むことにした。人びとが「ポジティブな面」に注目する手助けをしようと考えたのだ。

ベストセラーになった『さあ、才能《じぶん》に目覚めよう』(田口俊樹訳、日本経済新聞社)をはじめ、それまでにも何冊か本は書いてきたが、[2] 最後にもう一冊だけ本を書きたい。それを手伝ってほしいと祖父に頼まれた。最後の一冊は、一九六〇年代に編み出した理論がベースになる。この理論は人気が高く、本を書いてほしいという要望はずっと前からあった。過去四〇年間に、この理論を学んだ組織は五〇〇〇以上、個人は一〇〇万人以上にのぼる。理論を学んだ人たちは、友だちや同僚、愛する人たちにそれを広めている。

祖父の理論は、「バケツ」と「ひしゃく」という単純なたとえでできているが、その意味するものは奥が深く、一生をかけた研究がわかりやすくまとめられている。最後の数カ月、祖父と僕は、昼夜を忘れ、半世紀にわたる調査結果のなかから、とくに説得力のあるものを選んでいった。祖父は化学療法や放射線治療を受けながら、気力があるときは（ないときは少なかったが）、この本に取り組んだ。

読者に納得してもらうには、どの調査を取り上げ、どの統計を引用し、どの逸話を盛り込めばいいのか、祖父の書斎で何時間も話し合った。容態が悪化してからは、僕が文章を読み上げ、祖父の意見を反映させるという方法をとった。祖父はすべての章に目を通し、どの逸話にも、どの見方にも読者に共感してもらえるよう心を砕いた。

祖父のパートナーとして、この本にかかわれたことを誇らしく思う。僕にとって祖父はメンターであり、教師であり、お手本であり、そして親友だった。祖父とはとても気が合い、一緒に過ごす時間がなによりの楽しみだった。祖父の考え方にはいつも刺激され、やる気をもらった。僕が「バケツとひしゃくの理論」の大ファンであることは、祖父も知っていた。第4章で述べるが、僕自身が癌性の病気と闘ううえで、この考え方にどれほど勇気をもらい、救われたかわからない。

いま思えば、祖父自身も、この本があったからこそ、最後の力をふりしぼって癌と闘うことができたのだと思う。祖父は生涯にわたって、よりよい世界をつくろうと奮闘した。

孤独な戦いを強いられたこともあったが、この本が完成すれば大きく前進すると信じていた。そして、二〇〇三年九月、初稿が完成して間もなく、この世を去った。

七九年の生涯で、本の執筆や講演活動、世界的企業に育て上げた会社の経営をとおして、祖父が影響を与えた人びとは数百万人にのぼる。これだけ多くの人たちにかかわることができたのは、人や組織が「ポジティブな面」に眼を向けるように、揺るぎない信念をもって訴えてきたからだ。

この本を読んだみなさんが、日常生活のなかで心のバケツに水があふれることがどれほどすばらしいのか、気づいていただけるよう願っている。

トム・ラス

バケツとひしゃくの理論

人は誰でも心にバケツをもっている。他人に何かを言われたり、されたりするたびに、このバケツの水は増えたり減ったりする。バケツの水がいっぱいのときは、気分がいい。バケツが空《カラ》になったとき、気分は最悪だ。

バケツのほかに、ひしゃくももっている。ひしゃくを使って誰かのバケツに水を注げば——相手が明るくなるようなことを言ったりしたりすれば、自分のバケツにも水がたまる。逆に、ひしゃくで相手のバケツの水をくみ出せば——相手を傷つけるようなことを言ったりしたりすれば、自分のバケツの水も減る。

なみなみと注がれたカップとおなじように、心のバケツに水がいっぱい入っているとき、人は前向きで意欲にあふれている。バケツに水が一滴、注がれるたびに、人は強くなり楽観的になる。逆にバケツが空のときは、後ろ向きで元気がなく、意欲も低下している。バケツの水をくみ出されるたびに、人は傷つく。

人はみな、日々あらゆる場面で選択を迫られている。自分とかかわる人の心のバケツに水を注ぐのか、それとも水をくみ出すのか。これは重要な選択だ。まわりの人との関係や生産性、健康、そして幸福に大きな影響を与える選択なのだ。

CONTENTS

装幀　守先　正
装画　おおの麻里

第1章　人の命さえ奪うネガティブな感情

この本に取りかかってすぐ、「なぜ、人の『ポジティブな面』を調べようと思ったのか」と祖父に聞いてみた。答えはすぐに返ってきた。ある事例研究が、自分の研究テーマや人生をがらりと変えてしまったのだと。そして、その事例研究は、およそポジティブとはかけ離れたものだった。

心理学博士で後にアメリカ陸軍の主任心理学者となるウィリアム・E・メイヤー大佐は、朝鮮戦争後、北朝鮮の捕虜となったアメリカ兵一〇〇〇人を調査した。[1]博士がとくに興味をもったのは、記録が残されているかぎり最も極端で最悪の心理戦――捕虜に壊滅的な打撃を与えた心理戦だった。

アメリカ兵が収容されていた北朝鮮キャンプは、一般的な基準からいって、とくに残酷なわけでも、特殊なわけでもなかった。食料と水は十分に与えられ、居住スペースも確保されていた。爪の下に竹ぐしを刺すなどといった、当時よく見られた拷問もおこなわれていない。じつのところ、肉体的な虐待という点では、歴史的に見ても少ないほうだった。

ではなぜ、多くのアメリカ人捕虜がこの収容所で命を落としたのか。有刺鉄線に囲まれていたわけでも、武器をもった看守に見張られていたわけでもないのに、脱走しようとする者はいなかった。逆に収容所内部では、捕虜同士の喧嘩がたえず、互いに反発しあい、ときに北朝鮮側につく者すらいた。

解放された兵士は日本の赤十字に保護された。家族や友人に無事を知らせる電話をかけるように勧められたが、電話をした者はほとんどいなかった。

アメリカに帰国してからは、連絡を取り合うことも、旧交を温めることもなかった。捕虜たちは「鉄格子やコンクリートの塀はないが、……精神的な独房に閉じ込められている状態」だったのだとメイヤー博士は言う。

メイヤー博士は、この収容所の調査で新しい病気を発見した。絶望のどん底でかかる病だ。部屋に引きこもり、自暴自棄になって、生き延びる努力をするのは無駄だと思い込む捕虜はめずらしくなかった。部屋の隅に行き、頭から毛布をかぶってうずくまる。それから二日もしないうちに冷たくなっている。

捕虜たちは、これを「あきらめ病」と呼んでいた。医師たちは「マラズマス」と名付けた。メイヤー博士によれば、「抵抗するのをやめ、なすがままになること」だという。殴られたり、唾をはきかけられたり、蹴《け》られたりしたのなら、怒りも湧いてくる。怒りが原動力になって、なんとしてでも生き延びようと思う。だが、こうした動機がなければ、医学的にはどこも悪くなくても死んでいくのだ。

北朝鮮の収容所では、肉体的な拷問こそ少なかったが、「マラズマス」が原因で多くの兵士が亡くなった。死亡率は三八パーセントにも達している。捕虜の死亡率としては、アメリカ陸軍史上最も高い。それ以上に驚かされるのは、死亡した捕虜の半分が、あきらめが原因で亡くなっていることだ。精神的にも肉体的にも完全に降伏してしまったのである。

なぜ、こんなことになったのか。答えは、北朝鮮の看守が使った究極の心理作戦にある。これこそ、戦争における「最終兵器」だとメイヤー博士は言う。

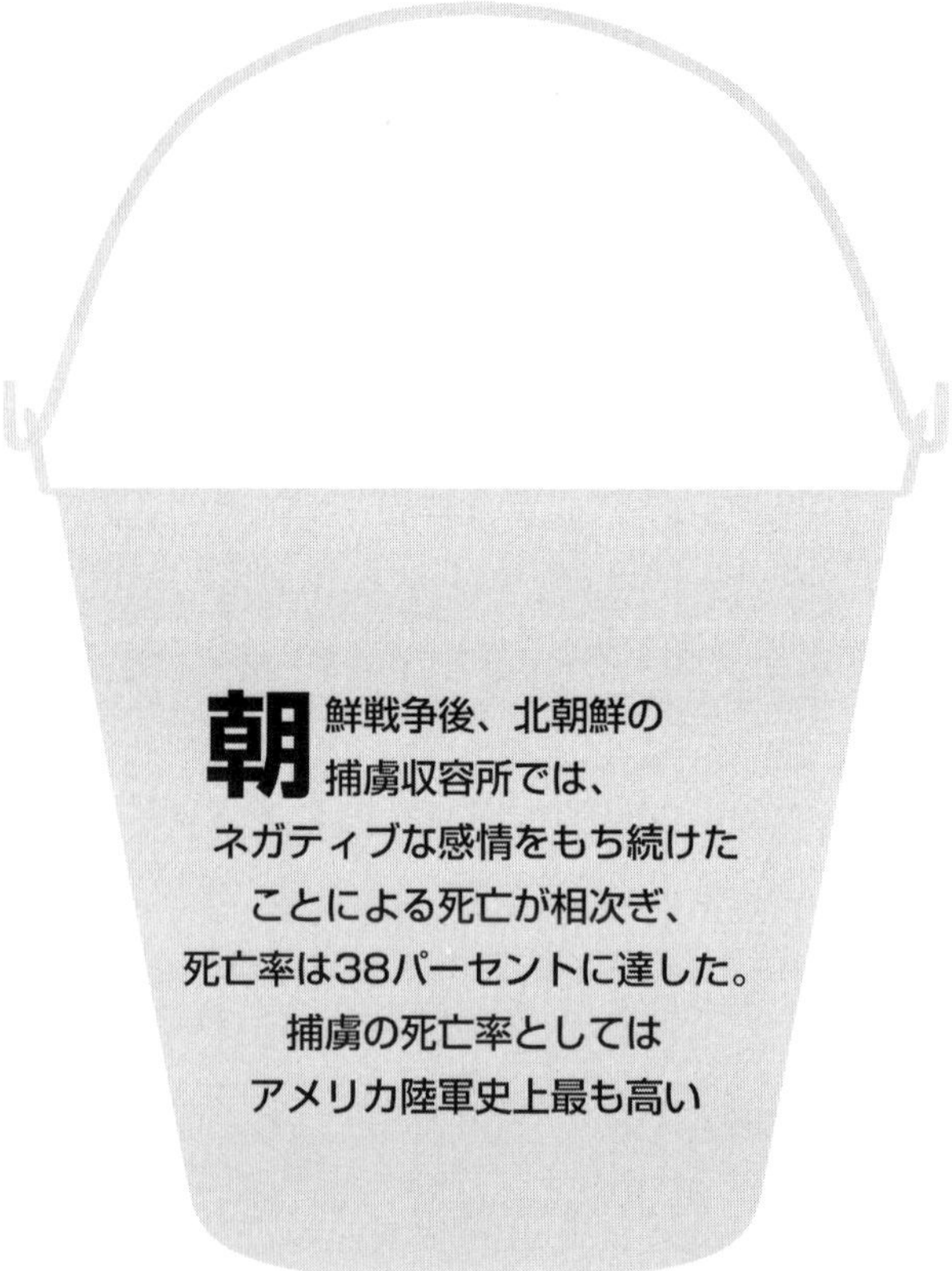
朝鮮戦争後、北朝鮮の
捕虜収容所では、
ネガティブな感情をもち続けた
ことによる死亡が相次ぎ、
死亡率は38パーセントに達した。
捕虜の死亡率としては
アメリカ陸軍史上最も高い

悪意をもって水をくみ出す

メイヤー博士によれば、北朝鮮のねらいは、「人間関係から得られる心の支えを奪う」ことにあった。そのために採られた作戦は、大きく分けて四つある。

1　密告させる
2　自己批判させる
3　上官や祖国に対する忠誠心を打ち砕く
4　心の支えになるものをことごとく奪う

第一の作戦は密告だ。北朝鮮側はタバコなどの見返りを与えて、密告を奨励した。だが、規則を破った者にも、密告した者にも何の罰も与えない。目的は別にあるからだ。捕虜同士の信頼関係を壊し、疑心暗鬼になるようにする。互いのバケツから毎日、水をくみ出すようにしむければ、捕虜たちが傷つけ合うことを知っていたのだ。

第二は自己批判だ。自己批判を活発にさせるために、北朝鮮は、捕虜を一〇人から一二人のグループに分けた。そこでとられた方法は「集団心理療法を悪用したもの」だとメイヤー博士は言う。集会では、全員を前にひとりずつ立ち上がり、**自分がどんな悪いことをしたのか、どんな正しいおこないができなかったのか**を、洗いざらい告白しなければならない。

このやり方の卑劣なところは、「告白」する相手が北朝鮮側ではなく、仲間である点にある。捕虜同士がもつ思いやりや信頼、尊敬、連帯感を蝕んでいくことで、善意のバケツから少しずつ水がなくなっていく状況をつくりだしているのだ。

第三の作戦は、上官や祖国に対する忠誠心を打ち砕くことだった。とくに上官への忠誠心をじわじわと、だが執拗に攻撃する。

その結果はおぞましいものだった。大佐のひとりが、田んぼの水は危ないから飲まないよう部下に注意したところ、ひとりがこう言い返した。「あんたは、もう大佐でもなんでもない。俺とおなじ、ただの捕虜だ。自分の世話だけしてりゃあいいんだ。俺に構わないでくれ」。数日後、この部下は赤痢にかかって死んだという。

こんな例もある。重い病気にかかった捕虜三人を別の捕虜が小屋から追い出したとき、ほかの四〇人は何もせずにただ見ているだけだった。結局、三人とも死んでしまった。なぜ助けようとしなかったのか。「自分たちには関係ないことだった」からだ。捕虜たちの仲は、とっくの昔に壊れていた。互いを思いやる気持ちなどなくなっていたのだ。

だが、これら三つの作戦以上に、**純粋に悪意をもってバケツから水をくみ出すやり方**といえるのが、第四の作戦だろう。心の支えになるものをことごとく奪い、気落ちするものを大量に与えるのだ。たとえば、家族からの激励の手紙は見せない。逆に、親や兄弟が亡くなったとか、夫の復員をあきらめて妻が再婚する、といった悪い内容の手紙は、すぐに手渡す。

請求した代金が支払われていないという督促状が、元の消印から二週間もたたないうちに手渡された例すらある。その打撃ははかりしれない。捕虜たちは生きる目的を失う。自分も、愛する者も信じられない。まして神や祖国が信じられるわけがない。北朝鮮は、アメリカ人捕虜を「精神的にも肉体的にも、想像を絶する孤立状態」に陥れたのだ、とメイヤー博士は言う。

注目すべきポジティブな感情

祖父は、精神的な拷問を受け、心の支えを奪われることによって人が生きる意欲を失うという、この話に衝撃を受け、またおそらく、捕虜の苦しみや死を無駄にしてはならないとの思いに突き動かされて、仲間とともに、このおぞましい現実を逆の側から見ることにした。[2]不信や失望といったネガティブな感情をたえず煽られることによって人が壊れてしまうのであれば、逆に信頼や希望といったポジティブな感情を呼び起こせば、明るく、前向きになるのではないか。一言で言えば、つぎのように考えたのだ。

ポジティブな感情のほうが、ネガティブな感情よりも強い影響力をもちうるのではないか。

祖父たちはこの質問に対する答えを探るために、いくつもの調査をおこなった。そこから生まれたのが「バケツとひしゃくの理論」だ。この理論の大枠は、つぎのページのとおりだ。

この「バケツとひしゃくの理論」は、過去半世紀近くにわたり、世界中で数百万の人たちによって試され、活用され、支持されてきた。この理論を知った人たちは勇気づけられ、それが日々の生活のなかで手軽に実践できる理論であることに気づく。なにより重要なのは、この理論が、ひとりひとりの生活をよくするために、いますぐ使える、ということだ。

人は誰でも心にバケツをもっている。
バケツの水があふれているときが最高の状態だ。
逆にバケツが空のときが最悪の状態だ。

人はバケツのほかに、ひしゃくももっている。
他人と接するときは、かならず、このひしゃくを使う。
相手のバケツに水を注ぐこともあれば、
バケツから水をくみ出すこともある。

誰かのバケツに水を注げば、自分のバケツにも水がたまる。

以下の章では、つぎのことを紹介していこう。

・心を動かすシンプルな言葉
・日常生活にあてはまる調査結果
・「バケツとひしゃくの理論」の実践例
・職場や家庭からネガティブな言動をなくすための方法
・ポジティブになるための五カ条

第2章　ポジティブなら仕事がはかどる

朝鮮戦争でアメリカ人捕虜が受けたような精神的拷問は、ふつうは経験することがないだろう。だが、人は誰でも、日々、他人と接するなかでポジティブな感情やネガティブな感情を経験し、それによって考え方や行動が左右されている。こうした他人とのかかわりはごくふつうのことで、たいていは平凡なものだが、だからといって重要でないわけではない。重要なのだ。ネガティブな感情を抱いたからといって、死に至るわけではない。だが、ゆっくり、しかし確実に、健康は損なわれ、生産性は落ちていく。幸いなことに、ポジティブな感情をもつこと、つまり「バケツが満たされる」ことには、ネガティブな感情をもつこと以上の影響力がある。

バケツに水を注ぐことは強力な武器

「バケツに水を注ぐ」というのは、「認める」や「褒める」よりも、はるかに幅の広い概念だ。しかし、組織においてポジティブな意識を高める――やる気を引き出し、前向きにさせるには、「認める」ことや「褒める」ことが欠かせない。

この点について、世界中の四〇〇万人以上の従業員を対象に調査してきた。三〇以上の業種、一万以上の事業部門を対象にした最新の調査結果[1]から、つぎのことが明らかになった。ひんぱんに褒められ、認められている人には、つぎのような特徴がある。

- 生産性が高い
- 仲間意識が強い
- 会社を辞める比率が低い
- 顧客の忠誠心や満足度が高い
- 職場での事故が少なく、安全性が高い

これを、自分におきかえて考えてみよう。いままでいちばん、会社で褒められたときはどうだっただろうか。会社に対する印象がよくなり、仕事の能率も上がったのではないだろうか。従業員を認め、褒めれば、職場の空気はがらりと変わる。たったひとりでも、バケツに何度も水を注ぐことによって、全体の雰囲気を明るくすることができる。上司がポジティブな感情を伝えている組織では、部下の気持ちが明るくなり、仕事の満足度が上がり、団結心が強まり、グループ全体の成果が上がることが、さまざまな調査結果からわかっている。[2]

知り合いにケンというCEOがいる。従業員のバケツの水を満たすことこそ、トップにとって「秘密兵器」になるとケンは言う。ケンは自分が経営する大企業で、従業員の前向きな気持ちを引き出すための特別な方法を編み出した。仕事で世界中を飛び回っているが、出張の際はかならず現地のオフィスに立ち寄るのだ。従業員を「偵察」するためでも、幹部と会うためでもない。現地の従業員を元気づけるのが最大の目的だ。

オフィスに向かうまでに、この二、三カ月に耳にした従業員の祝い事や成功談を思い出す。オフィスに着くとすぐに、その従業員のところに行って祝福する。たとえば新婚の従業員や、子どもが生まれたばかりの従業員にはお祝いを言う。すばらしいプレゼンテーションをした従業員は褒める。「いい話をたくさん聞いている」が、ケンのお気に入りの台詞だ。

ケンにとって、ポジティブな言葉をかけることでなによりも楽しいのは、「自分がきっかけをつくったエネルギーが、従業員たちのネットワークを通して伝わっていくのを見る」ことだ。短い言葉でかまわない。とびきり元気の出る言葉を二言、三言かければ、会社全体を明るくできるのだ。

「上に立つ者にとって、部下のバケツに水を注ぐことが、強力な武器になることがわかった」とケンは言う。その結果、数千人の従業員が、やる気を引き出し方向性を示してくれるケンの言葉を心待ちにするようになっている。

やる気のない人は高くつく

もちろん、物事には逆の面がある。褒めるべきときに褒めたり、褒められるべきときに褒められたりしている人はそう多くない。その結果、何が起きているか。生産性が低くなっているのだ。仕事に対してまったくやる気をなくしている人も少なくない。アメリカ労働省によると、会社を辞める理由のトップは、「自分の仕事が正当に評価されていないから」だという。[3]

会社を辞める
理由の第１位：
自分が正当に評価されていると
思えないから

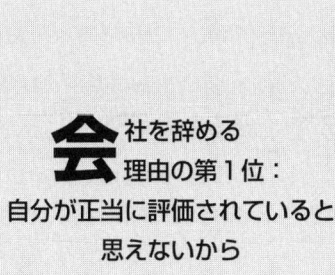

だが、問題はそれで終わらない。

医療関係者の調査から、嫌いな上司の下で働いていると、血圧が大幅に上がることがわかった。[4] イギリスの心理学者、ジョージ・フィールドマンによると、上司が原因のこうした高血圧は、狭心症のリスクを一六パーセント、脳卒中のリスクを三三パーセント高めるという。

心理療法士でもあるフィールドマンは言う。

「嫌いな上司と一緒にいると、血圧が大幅に上がることは、統計的にも臨床的にも認められている。何年も嫌な上司の下にいると、血圧の高い状態が続くので、心臓病になりやすくなる」

生産性を考えるのなら、極端にネガティブな人には自宅にいてもらったほうがいい。会社に出てこられると、生産性が下がるのだから。こういうタイプの人はどこにでもいる。しかめっ面をして社内を歩き回る。あちこちで怒鳴り散らし、不満をぶちまけ、ねちねちと人を責めたてて面倒を引き起こす。

極端にネガティブな人、まったくやる気のない人は、アメリカだけで二二〇〇万人以上いると推計される。これほどネガティブな人がはびこっている現状は、嘆かわしいというだけではすまない。高くつく。生産性の下がった分だけでも、アメリカでは年間二五〇〇

上司が原因の高血圧は、脳卒中のリスクを33パーセント高める

億〜三〇〇〇億ドルが失われている。[5] 職場での事故や病気、離職、欠勤、不正などによる損失を加えると、損失額は一兆ドルを超えるだろう。これはアメリカのGDP（国内総生産）の一〇パーセント近くにのぼる。こうした損失はアメリカにかぎった話ではない。調査した範囲では、程度の差はあれ、どの国にも、どの業種にも、どの企業にも見られた。

しかも、これは控えめに見積もった数字だ。正確な推計をするために、「まったくやる気のない」従業員が与える直接の影響しか計算に入れていない。つまり、本人の生産性が下がった分だけを数量化したものだ。データの分析にあたっては、「ネガティブな従業員は自分の持ち場を離れず、あちこち動き回って同僚を巻き添えにすることはない」と想定せざるをえなかった。もちろん、そんなことは現実にはありえない。ネガティブな従業員は、来る日も来る日もいろんなことをして、まわりを巻き添えにしているものだ。

伝染しやすいネガティブな感情

数字の背後にある現実を実感してもらうために、ネガティブな一言をきっかけにして、どんどん深みにはまっていった例を紹介しよう。

ローラの話のようなことは、よくあるのではないだろうか。

やる気のない
人間によって、
アメリカでは年間2,500億～
3,000億ドルが失われている

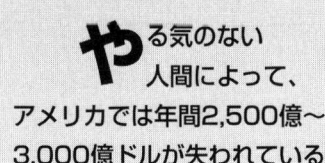

全員を前にしたプレゼンテーションは、山場に差しかかっていました。昨日までの二日間は、夜遅くまで準備にかかりきりでした。わたしの得意な分野だし、力を入れてきたテーマです。だからこそ、完璧にしておきたかったんです。上司や同僚に好印象をもたれたいとも思っていました。最初の何枚かのスライドまでは順調でした。ところが、急に機械の調子がおかしくなって二、三分中断したあいだに、みんながおしゃべりをはじめたんです。

「彼女、昨夜は夜遊びしていたみたいだな」と、マイクがベスに囁《ささや》くのが聞こえてきました。飛びかかって首をしめてやろうかと思いました。自分はそんなにひどい顔をしているのかしら、気になってしかたありません。冷静でいようと思いましたが、動揺を抑えられませんでした。

プレゼンテーションに戻ると、もう一度、全員に集中してもらい、先に進まなければなりません。

でも、集中してもらおうと思えば思うほど、不安になってきました。最初の話が退屈だったから、その先を聞きたくないと思っているのかしら。それとも、わたしがあんまりひどい顔をしているから、信用されていないのかしら。いろんな不安がもたげてきました。

わたしがおろおろしているのに気づいた上司が、みんなの注意を引こうとしました。でも、こう言ったんです。

「ローラのご機嫌がよくないようだ。聞いてあげよう」

なんてこと！　こんなことを口に出して言う人がいるなんて信じられない。このプレゼンテーションをするまでに築き上げてきた自信はずたずた。その後は、どんどん悪くなりました。

何を言っても、何をしても、うまくいかないときは誰にでもある。誰も彼もが自分に悪意をもっているように思えて、自分の欠点が気になってしかたがない。一度悪循環に陥ると、バケツはどんどん空になっていく。

気分が落ち込むだけではすまない。落ち込むことで能率が下がる。そして、まわりの人のバケツから水をくみ出すようなことを言ったり、したりして、足を引っ張る。そういうときに人と接すると、相手は自分が発するネガティブな感情を敏感に感じ取り、感染する。隠すのは簡単ではない。じつは、ネガティブな感情の伝染力は強力なのだ。

たったひとりか、ふたりのせいで、職場全体が汚染されることもありうる。状況を改善するために、ネガティブな部下をほかの部門に移そうとしたことがあるマネジャーの方なら、よくおわかりのはずだが、「どこに配属させるかが重要」といった常識は通用しない。ハリケーンが海岸沿いの町をつぎつぎと襲っていくように、**ネガティブな社員は、どこに行ってもその場を荒らしてしまうのだ。**

ネガティブな社員が顧客を遠ざける

当然ながら、バケツの水がどんどんなくなっていく職場では、生産性や利益率が低く、そのうえ離職率が高く、トラブルが多い。[6] 顧客満足度は低く、イノベーションも生まれない。品質も劣っている。

さらに、ネガティブな社員は顧客を遠ざける。顧客サービスの窓口に電話をして、ひどい扱いを受けたことはないだろうか。そのあと「この会社の商品は二度と買わない」と思ったのではないだろうか。それでも怒りが収まらなければ、こんなひどい目にあったんだとまわりに話し、その会社の商品を買わないように人に勧める。こうして、ひとりのネガティブな従業員が会社全体に打撃を与えるわけだ。

最近、大手通信会社の四五八三人のオペレーターを対象に、顧客に対してどのような影

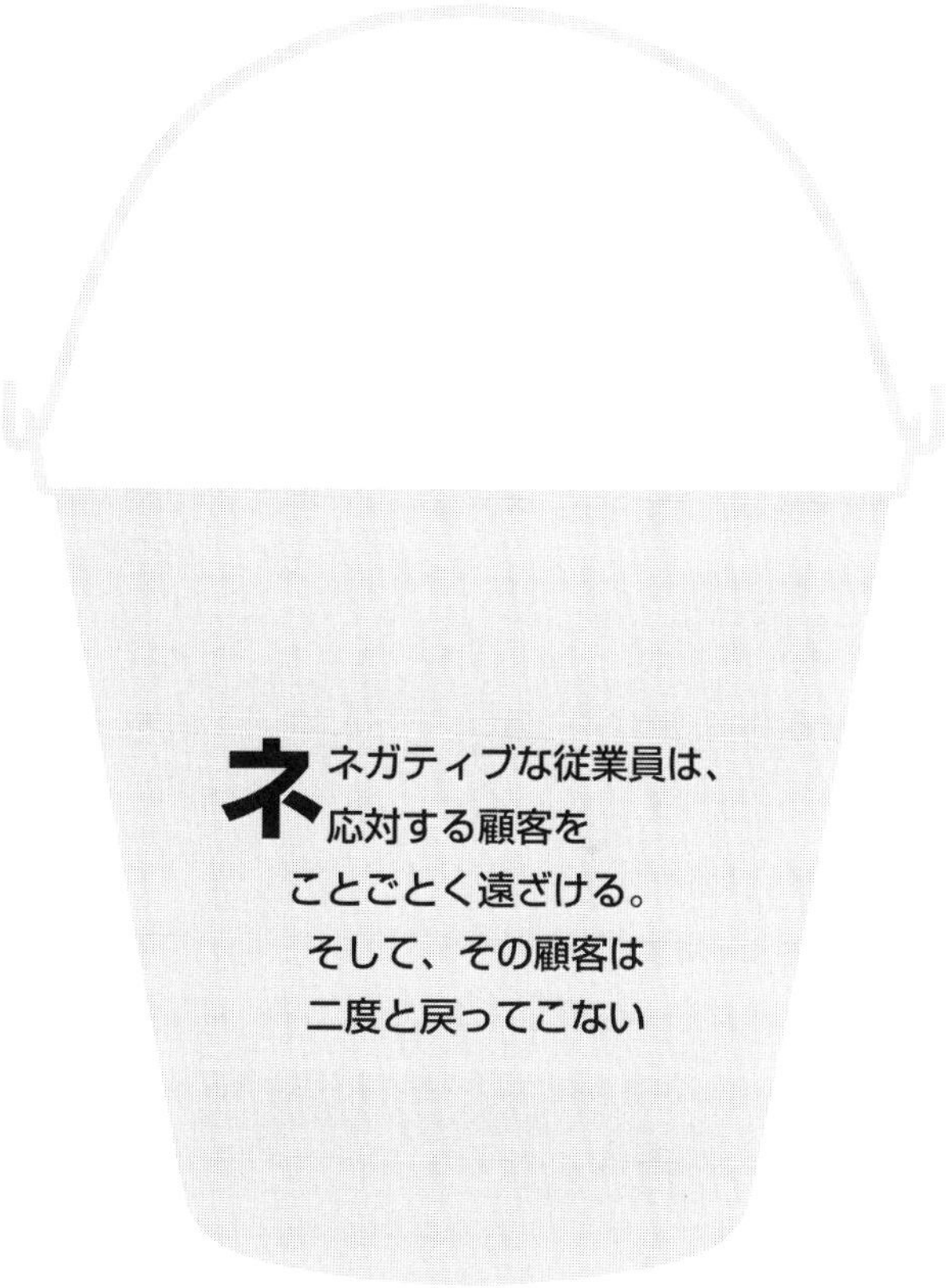
ネガティブな従業員は、
応対する顧客を
ことごとく遠ざける。
そして、その顧客は
二度と戻ってこない

響を与えているかをひとりひとり調査した。このうち三人は、電話をかけてきた顧客全員を来る日も来る日も怒らせていることがわかった。顧客は二度と戻ってこない。従業員が顧客のバケツから水をくみ出しているとすれば、由々しき問題だ。**この三人には給料を払ってでも家にいてもらったほうが、会社のためにはよかっただろう。**

幸い、この調査でよいこともわかった。**応対した顧客をひとり残らず**引きとめ、ファンにしているオペレーターが七人いたのだ。こういう担当者にあたった顧客は幸せだ。苦情に耳を傾け、話をしっかりと聞いてくれ、すばやく対応してくれる。親身に相談に乗ってくれているのがわかる。こんな一流のサービスを受けたら、誰かに話したくなる。そして、その後もその会社の顧客であり続けるのではないだろうか。

もっとたくさん褒めてあげる

マネジャーは、つぎの事実をよく考えたほうがいい。**「職場では、褒め言葉がめったに聞かれない」**。アメリカ人を対象にした調査では、過去一年間、仕事で一度も褒められたことがない人が、なんと六五パーセントにのぼったのだ。**褒められすぎて**困ったという話は聞いたことがない。これでは、仕事に身が入らないのも無理はない。人は認められ、褒

アメリカ人の65%は、
過去1年間、
職場で一度も褒められたことがない

められたいものだが、そうなってはいないのだ。そして、企業はそのために損している。

こう言うと、たいていの企業は表彰制度を取り入れようとする。月に一度か四半期に一度、表彰すれば、社員がやる気になるはずだ、と幹部が考える。よさそうに思えるだろう。そこで導入されるのが、昔ながらの「月間最優秀社員」を表彰する制度だ。

最初の数カ月はうまくいくかもしれない。少なくとも、長年、会社に貢献している社員、もっと評価されていい社員が数人いるはずだ。こうしたスターを全員の前で褒めるのは間違っていない。

だが、しばらくすると、頭を悩ませることになる。**「つぎは誰を月間最優秀社員にすればいいのか」**。妥協して受賞者を選ぶと、心にもない褒め言葉を並べなくてはいけなくなる。これでは、表彰するほうも表彰されるほうも後味が悪い。

最終的には、根拠のあるなしにかかわらず、全員が月間最優秀社員に選ばれる。受付には、全員のにこやかな顔写真が並ぶことになる。

だが、しょせん形式にすぎないことは誰もが知っている。言うまでもないが、いちばん気分が悪いのは、最後に表彰された社員だ。なぜか。自分の「手柄」が認められるまで、何カ月も、場合によっては一年以上も待たされたからだ。補欠すれすれで選手に選ばれたのとおなじ気持ちがするのではないだろうか。

もちろん、意味のある評価をしている企業もある。ふさわしい社員ひとりひとりを表彰している企業もある（第5章では、社員を褒める方法を提案する）。

どんな組織でも、誠意をもって、実のあるかたちでバケツに水を注げば、社員はやる気になるものだ。経営者や社員が、ささやかでもポジティブな感情を伝えていけば、たちまち違いが出てくる。そして、この違いを生み出すのにそれほどコストはかからない。タダ同然だ。必要なのは、小さな決断だ。

第3章　心のバケツに水が注がれる瞬間

短い会話からどんな影響を受けているのか、ふだんはあまり意識しないものだが、ちょっとした一言で気持ちが明るくもなれば、暗くもなる。そんな分かれ目を、人は一日にいくつも経験している。三人の子どもを育てるシングルマザー、タミーの一日を見てみよう。

朝はいつも大忙し。会社に行く用意をしているあいだ、子どもたちはお腹をすかせて朝ごはんを待っています。一一歳と八歳の上の子二人はシリアルでいいのですが、六歳の末娘は、どうしてもピーナツバターとバナナをのせたトーストでなきゃ嫌だと言ってききません。しかたなくトーストをつくってやって、大急ぎで食べはじめました。ところが、末娘は一口食べただけで、トーストを床に落としてしまったんです。ピーナツバターがこんもり塗られたトーストがベチャッと床に落ちる、あの瞬間は、まるでスローモーションを見ているようでした。「おまえ、何してるんだよ」と叱りつけるお兄ちゃんに、「あんた、それ食べなさいよ」と責めるお姉ちゃん。わたしもつい一緒になって、言わなくてもいいことを言ってしまいました。今度やったら許さないわよ、と。

このときの六歳の女の子は、どんなにか、いたたまれない気持ちだっただろう。タミーが追い打ちをかけずに、一呼吸おいて、「気にしなくていいのよ」と声をかけていれば、ずいぶん違っていただろう。タミーの一日はさらに続く。

やっとのことで子どもたちを学校に送り出したのは、ぎりぎり仕事に間に合う時間です。会社の駐車場に車を入れるとき、「今日はついている！」と思いました。久しぶりに手前の列に空きがあったんです。ほかの車に先を越されないように、少しスピードを上げたのですが、案の定、おなじ考えの人がいて、鉢合わせしてしまいました。オ内心わたしが先よと思ったのですが、どうぞと合図をして、奥に車を回しました。

フィスに入ろうとしてビックリ！　さっき譲ってあげた女性がわたしを待っていて、ドアを開けてくれたんです。彼女は名前を名乗り、さっきのお礼を言いました。わたしたちは少しだけ立ち話をしました。

少しのあいだ、ふたりのバケツは満たされていたといえる。タミーは続ける。

オフィスに入り、広いとはいえない個室でパソコンに向かい、予定表をチェックします。一〇時から「ビルと業績評価の面談」とあるのを見た途端、胃が痛みだしました。家に帰りたいくらい。業績評価のことは、よくわかっています。ビルは上司で、わたしにどんな「改善すべき点」があるか、前もって同僚に聞いてまわっているはずなんです。面談では思ったとおりでした。ビルは、これから半年で改善すべき点を八つ、順番に挙げていきました。最近よくやっているとか、ねぎらいの言葉は一切なし。前の週に七〇時間以上も働いて大型のプロポーザルをまとめたのに。ひどく長い時間がたったような気がして、ビルの部屋を出ると、どっと落ち込みました。「なんで、こんな会社にいなきゃいけないのかしら」とすら思いました。

ビルは短時間でタミーのバケツを空にしてしまった。タミーは続ける。

その後、廊下で経営幹部のカレンを見かけました。カレンとは、前の週の大型プロポーザルの件で顔を合わせていました。そのまま通り過ぎようとしたのですが、カレンは足を止めて「ハイ、タミー。先週のプロポーザルの最後は、よくできていたわ」と言ってくれたんです。わたしの名前を覚えていてくれたのは感激でした。会社ではタマラと呼ばれることが多いのですが、そう呼ばれるのは、あんまり好きじゃないんです。

タミーにしてみれば、カレンに「ハイ、タミー」と声をかけられただけでも十分だっただろう。そのうえ、自分のどこがよかったのか、具体的に褒められてうれしくなった。タミーのバケツにはあっという間に水がたまった。ここでおもしろいのは、カレンはすれ違いざまに短い言葉をかけただけで、タミーの気持ちを明るくしたとはたぶん思っていないことだ。

ネガティブになりがちな日常

たいていの人は、毎日をもっと気持ちよく過ごしたいと思っている。タミーがカレンとすれ違った後のときのような気持ちなら、もっと感じたい。逆に、ビルとの業績評価の面談の後のような気持ちにはなりたくない。一〇〇人中九九人は、まわりにもっとポジティブになってもらいたいと思っていて、一〇人中九人が、上司や同僚がもっとポジティブなら生産性が上がると答えている。

残念ながら、まわりにポジティブになってほしいと思うだけでは問題は解決しない。わたしたちの育ってきた文化では、うまくいったことを褒めるのはむずかしく、失敗したときに責めるほうがはるかに楽にできているからだ。そうなることは誰も望んでいなかったのかもしれないが、ネガティブな面を重視する傾向は社会の隅々にまで浸透している。

子どもの教育を見れば、欠点ばかりが注目されているのがよくわかる。親は子どもの個性を喜ばず、集団に「なじませ」「目立たせない」ようにする。よかれと思ってそうしているのだろうが、結局、子どもの個性を殺し、何事も人並みであることをよしとするようになる。

10人中9人は、
上司や同僚が
もっとポジティブなら
生産性が上がると答えている

	Aを重視する	Fを重視する
イギリス	22%	52%
日　本	18	43
中　国	8	56
フランス	7	87
アメリカ	7	77
カナダ	6	83

学校では、興味や能力に関係なく「必修科目」を学ぶ仕組みになっていることも、欠点を問題視する傾向を強めている。子どもが得意科目で〈A〉をとったとき、親や教師はどういう態度をとるだろう。よく頑張ったと褒めたり、得意科目を伸ばしなさいと言ったりせずに、〈A〉のとれなかった科目を頑張りなさいと発破をかけるのではないだろうか。校長やカウンセラーが生徒を呼び出すとき、成績のよかった科目について褒めるためだったという話はあまり聞かない。

ギャラップでは最近、つぎのような質問をして、親が重視するのは、子どもの得意な科目なのか、不得意な科目なのかを国別に比較した。「お子さんの成績は以下のとおりでした。英語A、社会A、生物C、数学F。親として最も関心がある科目はどれですか」。どの国でも、大多数の親が関心があると答えたのが〈F〉の数学だった。

悲しいかな、世の親たちは、「なんとかして、いい大学に入れなくては」という強迫観念に取りつかれていて、わが子にとって何がベストかとは考えていないらしい。数学の〈F〉は無視したほうがいい、と言いたいわけではない。ただ、まずは〈A〉をとった科目に目を向け、**その後で、**〈F〉の数学の成績を上げるにはどうすればいいかを考えたほうがいいのではないだろうか。よいところを先に褒めたほうが、前向きな話し合いができると思うのだが。

とはいえ、少なくとも学校を卒業し、社会に出ていくときに、自分がしたいこと、自分に合ったことをするチャンスがある、熱中できることをするならこのときだ、と思うかもしれない。だがそれは、少数の選ばれた人たちだけの特権といったほうがいいかもしれない。残念ながら、若者の多くは、自分のもっている能力が仕事にどの程度適しているかを見て採用されているわけではない。

自分が就職したときのことを振り返ってみると、思い当たるフシがあるのではないだろうか。決まった仕事のために採用され、**それに合わせて自分を変えることを**期待される。うまくいかないと「能力開発」研修に送り込まれ、「欠点を直す」よう求められる。学校でも、社会に出てからも、欠点を問題視する傾向はずっとついてまわるのだ。

見過ごされた調査

七〇年以上前に、教育関係者や心理学者たちが見過ごしてしまった、ひとつの重要な調査がある。これが注目されていれば、その後の心理学のテーマは変わっていたかもしれない。きっと、変わっていたはずだ。このとき見過ごしたために、ずっと苦しむことになったのかもしれない。

この調査は一九二五年、エリザベス・ハーロック博士によっておこなわれた。[1] 小学校四年生と六年生を対象に、算数のテストを返すときの教師の態度で、生徒にどんな影響が出るかを調べたものだ。褒めるのと、叱るのと、無視するのでは、どれがより効果的なのだろうか。結果は、二日目、三日目、四日目、五日目に解けた問題の数で判断する。

第一のグループでは、ひとりひとり名前で呼びかけ、全員の前で褒める。第二のグループは、やはり名前を呼ぶが、出来がよくないと叱る。第三のグループは完全に無視する。ほかの生徒が褒められたり、叱られたりするのを見ていることになる。第四のグループ（対照群）は、最初のテストの後、すぐ別の教室に移す。他のグループとおなじテストを受けさせるが、何のコメントもしない。

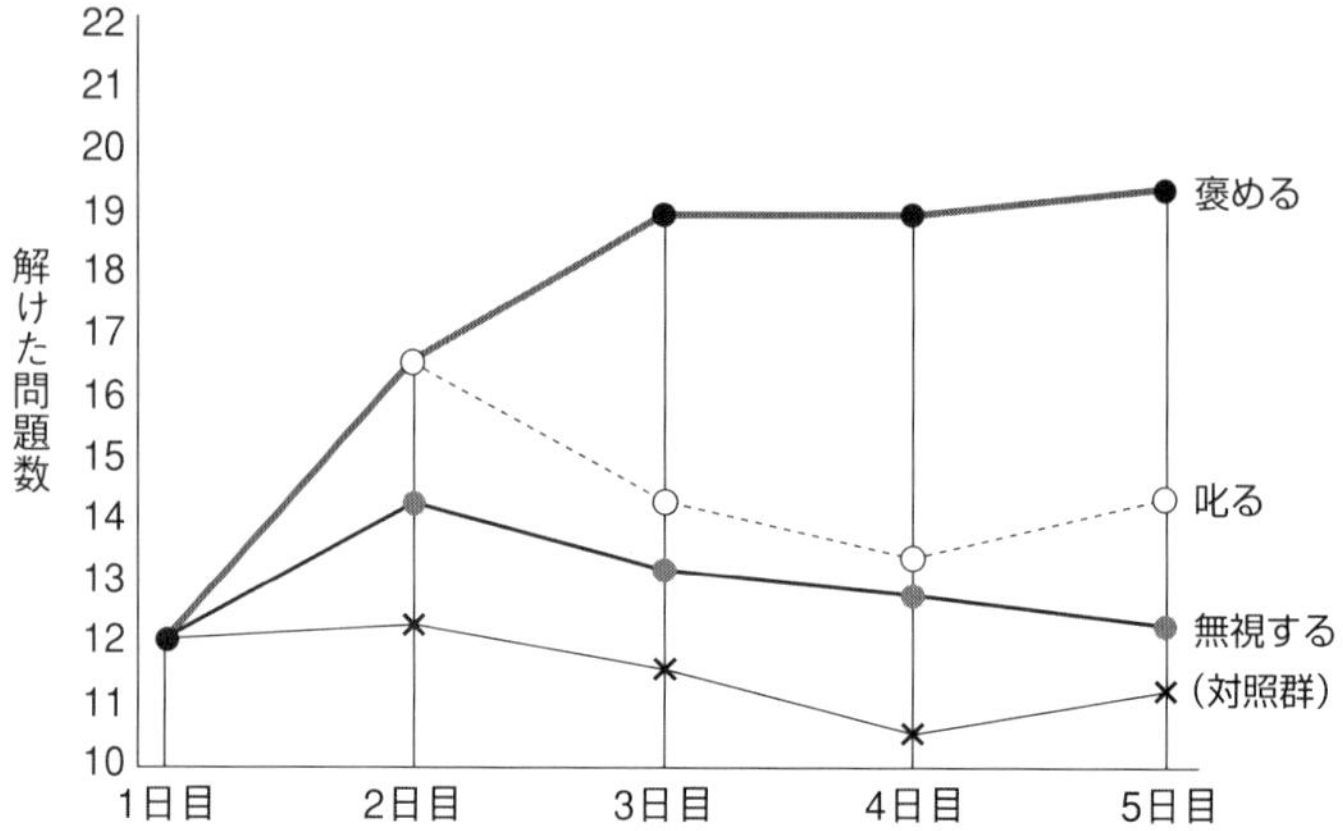

結果はどうなったか。初日に「褒められた生徒」と「叱られた生徒」は、二日目に成績がよくなった。だが、その後に大きな違いが表れた。叱られた生徒は、三日目、四日目とテストの成績が急降下し、無視された生徒と変わらなくなったのだ。

一方、褒められた生徒は、二日目以降、成績が大幅に上がり、調査が終わるまでずっとそれを維持していた。五日目には、褒められた生徒と、それ以外の生徒では、成績にかなりの差ができていた。全体を通してどれだけ成績が上がったのか、グループごとに見てみよう。

- 褒められた生徒…71パーセント
- 叱られた生徒……19パーセント
- 無視された生徒…5パーセント

この結果は、心理学者や教育者のあいだで大評判になったと思うだろう。ところが、そうはならなかった。最近まで心理学は、ネガティブな出来事、心に傷を負うような出来事にばかり目を向けてきた。こうした状況は、ようやく変わろうとしている。

ポジティブ心理学の登場

人のポジティブな面を研究するポジティブ心理学が盛んになり、いまでは世界的な研究者のなかから、ポジティブな感情の効用を研究する人が出てきている。[2] この一〇年にわたる研究の成果を単純化を恐れずにまとめれば、こういえるだろう。「世界的に有名な心理学者の多くが、ネガティブな感情を裁判にかけ、有罪判決を下した」

最近の研究で、ネガティブな感情は健康を損ない、寿命を縮めかねないことがわかってきた。ネガティブな人間がひとりいるだけで職場全体が荒れてしまうことは、前の章で述べたが、ネガティブな感情は人間関係を壊し、家族をばらばらにし、キャリアを台無しにしかねない。

逆に、人が生きていくうえで、**ポジティブな感情が不可欠であることもわかってきた。**ポジティブな感情は心と体を鍛え、精神的・肉体的な病気から守ってくれるのだ。

心に残る「瞬間」のイメージ

行動経済学の研究でノーベル経済学賞を受賞したダニエル・カーネマンによれば、人は寝ている時間を除いて、**一日に二万の「瞬間」を経験している**という。[3]「瞬間」は二、三秒続く。よいことであれ、悪いことであれ、強烈な思い出について考えてみると、心に残っているのはどれも、ある瞬間のイメージであることがわかるはずだ。よくも悪くもなかった出来事は心に残らない。記憶に残る瞬間というのは、よいか悪いかのどちらかだ。たったひとつの出来事で人生が変わってしまうこともある。

最近、朝のテレビ番組『トゥディ』で、司会のケイティ・クーリックが、ブライアン・ベネットという若者にインタビューしていた。[4]ブライアンは、家庭で虐待を受けて育った。学校にもなじめず、たびたび、いじめを受けていた。だが、いまでは、立派な社会人として成功している。「立ち直るきっかけは何だったのか」と聞かれたブライアンは、きっぱりとこう答えた。「小学校の女の先生が、『あなたのことを気にかけている、先生は信じている』と言ってくれたことです」。たった一言で、ブライアンの人生は一八〇度変わったのだ。

人は1日に
約20,000の
瞬間を経験している

もうひとつ例を紹介しよう。経営コンサルタントのクリスティンに「いままでで最高にうれしかった褒め言葉は何か」と聞いたところ、「電子メールに書かれた一言だ」という答えが返ってきた。母親が亡くなったとき、尊敬する職場のメンターがお悔やみのメールをくれた。メールの最後には、こう書かれていたという。「お母様はあなたを誇りに思っていたはず。私もよ」。クリスティンにとって、二五年間の社会人生活のなかで、ほかのどんな言葉よりも深く心に残ったのは、「**私もよ**」という、たった一言のシンプルな言葉だったのだ。

魔法の比率

もちろん、ここまで決定的な瞬間は、そうそうあるわけではない。とはいえ、何気ない言葉や態度もおろそかにはできない。ポジティブ心理学の専門家は、ささやかでも、喜びや満足といったポジティブな気持ちを感じる「頻度」が重要だという。夫婦研究のパイオニア、ジョン・ゴットマンの調査によれば、ポジティブな言動とネガティブな言動には、五対一という「魔法の比率」があるという。[5] 夫婦のあいだで、ネガティブな言動一回に対して、ポジティブな言動が五回あれば、結婚生活は長続きする可能性が高い。この比率が

魔法の比率：
ネガティブな
言動1回に対し、
ポジティブな言動を5回する

一対一に近づくと、夫婦は離婚に至るという。

ゴットマンは「五対一」の仮説を検証するために、二人の数学者とともに興味深い調査をおこなった。まず一九九二年に、新婚の夫婦七〇〇組を集めた。一組について一五分ずつ夫婦の会話を録画し、ポジティブな言動とネガティブな言動がどれだけあったかを集計した。これを、五対一の法則に照らして、夫婦が長続きしそうか離婚しそうかを一組ずつ予想した。

一〇年後に追跡調査をしたところ、その結果は驚くべきものだった。離婚すると予想した夫婦のうち、なんと九四パーセントが実際に離婚していたのだ。[6] 予想のもととなったのは、わずか一五分間の会話だ。

五対一という比率は、夫婦にかぎらず、職場の人間関係でも重要になる。最近の調査では、ネガティブな言動一回に対して、ポジティブな言動が三回以上見られるグループは、それ以下のグループにくらべてかなり生産性が高いという結果が出ている。[7] ただし、ポジティブの比率が高ければ高いほどいいというわけでもない。フレデリクソンとロサダの計量モデルによれば、「上限」があるようだ。ポジティブの比率が一三倍を超えると、生産性は低下している。[8]

この本の最大のテーマは、いかにしてポジティブな意識を高めるかだが、ネガティブな

ポジティブな感情は多すぎてもいけない？：ネガティブな言動１回に対し、ポジティブな言動が13回を超えると生産性は落ちる可能性がある

面や欠点は無視したほうがいいといっているわけではない。**あくまで地に足がついたポジティブが大切だ。**小説『ポリアンナ』の主人公のように、現実をまったく見ようとしなければ、間違った楽観主義に陥る。これでは逆効果だし、はた迷惑にもなる。ときには自分の間違いを正し、欠点を克服しようとすることも必要だろう。

そうはいっても、ふつうは、ポジティブでありすぎることを心配する必要はない。会社や学校では、ポジティブな面が圧倒的に不足していて、大いに改善する余地があるのだから。

ポジティブな感情は寿命をも延ばす

ネガティブな感情は、深刻な問題を招きかねない。ストレスや怒り、敵意といったネガティブな感情が心や体にいかに悪影響を及ぼすかを示した研究はいくらでもある。[9] 逆に、ポジティブな感情は心や体を病気から守る。気持ちが前向きなら、痛みもすぐに治まるし、トラウマや病気から回復するのも早い。そして、ポジティブであれば、寿命が延びる可能性もある。

メイヨー・クリニックの患者八三九人を三〇年以上にわたって調査した研究者は、身のまわりの出来事を前向きにとらえる人は、早死にするリスクが低いことを発見した。[10]もうひとつ、カトリックの高齢の修道女一八〇人を調べた画期的な調査では、ポジティブな修道女は、そうでない修道女よりずっと長生きであることがわかった。[11]この調査では、修道女が二〇代前半に書いた自伝をくわしく分析し、「幸福」や「愛」「希望」といったポジティブな感情表現が登場する頻度を集計し、それを七五歳から九五歳までのあいだの死亡状況と比較した。

その結果は驚くべきものだった。前向きな感情表現の多かった修道女のほうが、そうでない修道女よりも平均で一〇年寿命が長かったのだ。もっと驚くべき事実がある。前向きな感情表現が少なかったグループでは、調査時点で二五人も亡くなっていたが、前向きな感情表現の多かったグループで亡くなっていたのは一〇人だけだったのだ。

ネガティブな感情がいかに健康に悪いかは、たばこの害とくらべればよくわかる。たばこを吸う人の寿命は吸わない人より短いが、その差は男性で五・五歳、女性では七歳だ。[12]つまり、ネガティブな感情を抱くことは、たばこを吸うこと以上に寿命を縮めてしまうのだ。たばこと違って、ネガティブな感情が害になるという注意書きはどこにもないが、そうするべきではないだろうか。

寿命も延ばす：
ポジティブな
感情が増えれば、
寿命が10歳延びる可能性がある

ポジティブならすべてがうまくいく

ポジティブな感情は寿命を延ばすだけではない。日々の心と体の状態をよくしてくれる。ハーバード大学の卒業生の追跡調査から、悪い出来事をどうとらえるか――後ろ向きにとらえるか、前向きにとらえるかで、数十年後の健康状態が予測できることがわかった。[13] **若いときに前向きかどうかで、晩年の健康状態が予測できるのだ。**

楽天的な人ほど風邪をひきにくく、ひいたとしても治りが早い、という調査結果もある。血液検査では、前向きな人ほど感染症を防ぐT４細胞が多く、免疫力が高いことがわかっている。[14] 楽観的な人が医者に通う回数は年平均一回以下なのに対し、悲観的な人は三・五回強だという調査結果もある。**ポジティブになれば医療費だって抑えられるかもしれない。**

ポジティブであることが体にいい、ということはわかってもらえたと思うが、心にはどういう影響があるのか。また人間関係にはどんな影響があるのだろうか。

ミシガン大学でポジティブ心理学の研究を指揮するバーバラ・フレデリクソンは、この点について幅広い研究をおこなってきた。[15] フレデリクソンはこう言う。「ポジティブな感情は、単にいま幸せな状態にあることを示してくれるシグナルではない。物事にうまく対処できるようにしてくれるし、幸せな状態をつくりだしてくれる。その状態は、瞬間だけでなく長期間にわたって続く。……**ポジティブな感情というのは、ささやかな満足感ではない。心身がうまく機能するために欠かすことのできない重要なものである**」

フレデリクソンは、ポジティブな感情にはつぎのような効用があると言う。

・ネガティブな感情から守り、その悪影響を打ち消してくれる
・活力を与え、人を元気にする
・視野を広げ、自分とは違う考え方や行動に気づかせてくれる
・人種の壁を打ち破る
・苦しいときの「たくわえ」となる、じょうぶな体や心、頭、人間関係をつくる
・組織や個人がもっている力を引き出す
・(リーダーがポジティブな感情を積極的に示したとき)チームの成果を高める

ポジティブな感情の研究は、まだ表面的な部分を調べはじめたばかりの段階だ。何百年ものあいだ、精神の病を研究してきた専門家は、ようやく精神の健康に目を向け、調べはじめたのである。

第4章　水があふれでるバケツ——トムの物語

ここまで読んで、「ポジティブとかネガティブというのは、生まれつきの性格であり、変えるのがむずかしいのではないか」と疑問をもった人もいるかもしれない。あっさり言えば、そうかもしれない。性格が暗いのは生まれつきではないかと思える人（そして、たぶんそうである人）はいるし、根っから明るく、何があっても暗くならない人もいる。

この点について、心理学界の見方は分かれている。ポジティブかネガティブかは生まれながらに決まっているという説もあれば、育ちで決まるという説もある。現在、有力なのは、生まれも育ちもどちらも重要であり、その重要性はおそらく同程度だ、という説だ。

有名な心理学者のエド・ディーナーは、幸福を感じられる能力にも、体重とおなじように「ベースライン」があると言う。[1] いくら食べても太らない体質の人がいるように、もともと人より幸福を感じやすい性格の人もいる。それでも、ポジティブな感情の「ベースライン」が、長いあいだの経験によって大きく上がったり下がったりするのもたしかな事実だ。ポジティブな感情を増やし、ネガティブな感情を減らす「心のダイエット」をすれば、たいていの場合は役に立つはずだ。

人によって出発点は違っても、いつも心のバケツに水を注いでいれば、ポジティブな感情は増えていく。積み重ねがいかに大切かをわかってもらうために、僕自身の話をしよう。

誕生日プレゼント

この本に取りかかって間もなく、祖父の誕生日が近づいていることに気がついた。ポジティブな感情についての本をつくろうとしているのだから、ポジティブでいること——心のバケツに水を注ぐことが、僕自身にとってどれほど大きな意味があったか、手紙に書いて祖父に渡そうと考えた。ありきたりなプレゼントよりも、喜んでもらえるはずだと思った。癌との闘いは厳しさを増していたので、祖父に感謝と敬意を表するならいましかない、とも考えた。

僕がまだ幼かったころ、祖父はよくこう言っていた。すばらしいことをした人には、本人が生きているあいだにみんなで讃えてあげなくてはいけない。葬儀に行っては、亡くなった人のバケツに水を注ぐ人たちが多いのを見て、「生きているあいだに褒めてあげればよかったのに」と、よくぼやいていた。

そんなこともあって、祖父の七九歳の誕生日に僕自身の気持ちを伝えることにした。祖父は手紙を読んで涙を流した。何日かたって、手紙の内容を本で紹介してはどうかという話になった。バケツに水を注ぎ続けることの大切さを示すには、うってつけの例だと考えたのだ。僕もそう思った。

そこで以下では、祖父の誕生日に贈った手紙の内容を紹介しよう。いつもバケツに水を注いでもらうことで僕という人間ができたことを、わかってもらえるのではないかと思う。

早いうちに才能を見つける

大家族の同世代でいちばん先に生まれた僕は、ユニークな子育ての恩恵を受けた。わが家の教育法は、当時の常識とはまったく逆だった。僕が生まれてからというもの、親も親戚もそろって、僕が得意なことに集中できる環境をつくってくれた。そして、僕がすることはなんでも応援し、励ましてくれた。

四歳になるころ、僕が本に興味をもっていることに気づいた母と祖母は、何時間でもそばにいて、本を読むのを助けてくれた。こうして読み方を教え、本への興味を育て、いつも気にかけてくれたことが、どれだけ僕のためになったかしれない。

うちに来る親戚は決まって、「どんな本を読んでいるの」とたずねた。ほかに夢中になっている遊びがあれば、あれこれ質問してきた。いま思えば、僕の興味や才能の芽を早くから見つけようとしていたのだろう。何かに興味をもつと、どうせならとことんやりなさい、と励ましてくれた。褒めるのをためらうことはまったくなく、どんなに小さなことでも、よくできたと褒めてくれた。

こうしていつもバケツに水を注いでくれていた親や親戚は、八歳か九歳になるころ、僕に商売っ気があり、仲間をまとめるのが好きなことに気がついた。それを見た祖父のドンは、一〇歳になった僕に、商売をやってみたらどうかと勧めた。僕は大喜びで、スナック・スタンドを開くことにした。祖父以外の家族も、それまでとおなじように、新しいことに夢中の僕を応援し、手助けしてくれた。

こうして立ち上げた会社「ビズキッズ」は、数カ月で軌道に乗った。売り上げが増えて、地元のホールセール・クラブからの仕入れでは間に合わなくなると、キャンディーの大手販売会社が大口割引価格で卸してくれることになり、商品も店まで持ってきてくれることになった。そのうちお菓子だけでなく、洋服や雑貨も扱うようになった。一二歳のころには、クラスメートを二〇人以上雇い、数千ドルの利益をみんなで分けるまでになっていた。事業をはじめて数年後には、地元の新聞の一面に載り、全国ニュースでも取り上げられた。[2]

まわりから愛情を注がれ、目をかけてもらい、バケツに水を注いでもらったことは、僕の人生に大きな影響を与えた。僕のバケツにはいつも水があふれていたので、僕自身もまわりの人たちのバケツにせっせと水を注ぐことができた。毎月末、売り上げに応じて表彰し、給料を出した。自分がまわりのバケツに水を注ぐことで、友だちや家族、幼い仕事仲間が明るくなるのを見るのはうれしかった。

よいところを褒めて伸ばす教育法は、勉強でもおなじだった。両親は毎日、どの授業が楽しかったか、放課後にはどんな遊びをしたのかとたずねた。音楽や美術の成績が悪くても、僕のバケツの水をくみ出すようなことは言わない。得意な科目を頑張ればいいのだと励ました。

僕にはなんでも分析する癖があり、数字が好きで、世の中の出来事に関心があるとわかると、数学と社会を頑張りなさいと助言した。もともと数学や社会は〈A〉だったのだが、好きな科目にさらに力を入れたほうが、後々ためになることを両親は知っていたのだ。

学校の先生や友だちの親と違って、両親は僕をオールマイティな人間にしようなどと思っていなかった。生まれつき音感がないから音楽をやらせても無駄だ、よくて人並みだ、と思っていた。「豚に歌を教えようとしてはいけない。時間の無駄だし、豚だって迷惑だ」。昔ながらのこの格言が、わが家のモットーだった。子どもの僕にとって、これはありがたかった。すべてに秀でようと思わなくていい。得意なことで秀でる努力をすればいいのだ。

温かく迎えてくれる家庭

小学校時代、友だちの家に遊びに行くたびに、わが家との違いに戸惑った。元気いっぱいで家に入っていくと、友だちの母親は決まってこう言うのだ。

「友だちを呼んでいいって、いつ言った？」

「また学校で問題を起こしたの？」

「このテストはいい点をとらないとダメじゃないの！」

言われるのが、もっともなときもあった。とはいえ、口をついて出てくるのが、いつも否定的な言葉なのには面食らった。別の友だちの家に行くと「お行儀をよくしなさい」といった注意が書かれたメモがベッドの上に置いてあった。これはかなわないなと思った。わが家とくらべると余計にそう思った。わが家ではこんなふうだった。

「学校はどうだった？」

「今日の午後は何をしたいの？」

「今日のお勉強でママに見せてくれるものはないの？」

「今日の体育でバスケットボールはできたの？（僕たちはバスケットボールが大好きだった）」

最初は、友だちの家庭に問題があるのだろうと思っていたが、だんだん、それがふつうなのだとわかってきた。いま思えば、友だちがうちで遊ぶことが多かったのも納得がいく。わが家にいるときは、僕たちのバケツには、応援や励ましがたくさん注がれたのだから。いってみれば、わが家は「基地」のようなものだった。ここで、ポジティブな感情を補給して、ネガティブなことだらけの外の世界に戻っていたのかもしれない。

大きな試練に立ち向かう

僕の人生はこんなふうに前向きに展開していった。ところが一六歳のとき、左目が見えにくくなり、人生ではじめて大きな試練にぶつかることになる。

左目に腫瘍がいくつも見つかり、大きな手術を何度か受けた。だが一年後、左目は完全に見えなくなった。視力は二度と戻らない。それだけではなかった。「先天性異常」の疑いがあり、全身に腫瘍ができる可能性があるというのだ。遺伝子診断の結果、フォンヒッペル・リンダウ病という、とてもめずらしい病気であることがわかった。この病気では、何の前触れもなく、膵臓や肝臓、副腎、鼓膜、脳、脊髄につぎつぎと腫瘍ができる。

診断結果を聞いたときはショックを受けたし、不安にもなった。でも、それほど気持ちが萎《な》えなかったのは、われながら驚きだった。家族は「悪いことばかり考えて嘆いてもしかたない。何ができるかを考えよう」と励ましてくれた。不安がなかったわけではないが、ふさぎこみはしなかった。むずかしい局面で、家族が僕を気遣い、前向きな姿勢でいてくれたことに、何より力づけられた。

病気を知ってから一週間もたたないうちに、この病気とどう付き合っていくのか、先のことを考えはじめていた。左目が見えなくなったことを気の毒がる友だちには、右目の視力はふつうの人よりずっとよいのだと答えていた。

振り返ってみると、これからも腫瘍ができる可能性があるという診断を、呪いや死刑判決だとは思わず、早い段階で病気がわかったのだから、病気と積極的に闘って健康を維持することができる、と受け止めたのがよかったのだと思う。

このめずらしい病気について調べていくと、早期に発見して治療すれば、腫瘍のほとんどは治ることがわかった。そこで、定期検査で病気の進行を見ることにした。

この間、病気がわかる前とほとんど変わらない生活を送った。友だちとの遊びも、運動も勉強もやめなかった。日常生活は何も変わらなかった。自分が病気だと意識したのは、半年に一度の定期検査のときくらいだ。もちろん、ＭＲＩやＣＴの検査結果を待つあいだは落ち着かなかった。それでも、そういう不安な気持ちをあくまで客観的に見ることができた。いろんな意味で、病気になる前よりも自信を持ち、気力がみなぎっていた。

困難に正面からぶつかっていくのが、僕のやり方だった。当時、意識的にそうしていたという自信はないが、少なくとも振り回されはしなかった。親友は、病気がわかった当初、どれほど驚き、心配したかしれないと、一〇年たってはじめて打ち明けてくれた。僕が明るかったのが不思議だったとも言っていた。冷静な性格は知っていたが、いつ腫瘍ができるかもしれない状況で、不安なそぶりを見せないのが信じられなかったという。理解してもらうのはむずかしいかもしれないが、僕には、ある種の精神的な免疫力が備わっていたのではないかと思う。

だが、それは、不思議でもなんでもない。**友だちや家族が毎日、僕のバケツに水を注いでくれていたおかげで、つらいときや苦しいときも、その水が枯れることはなかったのだ。**

あふれでるポジティブな感情

高校時代も、家族は変わらず、僕にどんな強みがあるかを指摘してくれた。優先順位や目標を決めるうえで、これは大いに役に立った。高校一年のときには、大学で心理学を学ぶのだと決めていた。調べるのが好きだったし、人を突き動かしているものに興味があったからだ。心理学に強いアメリカ中の大学を調べて、願書を出した。もちろん家族は、僕が遠くの大学に行くことに驚くほど協力的だった。いくつかの大学見学には付き添い、願書を出すのも手伝ってくれた。

家族のおかげで、大学での新しい生活にもすぐになじむことができた。一〇〇〇キロ以上離れていても、いつも僕のバケツに水を注いでくれたのだ。最初の三年間は、何もかも順調だった。

だが残念ながら、さらなる試練が待ち受けていた。

大学四年のとき、副腎に腫瘍が見つかった。その五年後には、肝臓に悪性の腫瘍が見つかった。この本を書いている最中にも、脾臓や副腎、脊髄に新たな腫瘍がいくつかできていることがわかった。

腫瘍が見つかるたびにイライラしたし、それなりに不安にもなった。でも、たいていは、腫瘍が悪性化し、ほかの臓器に転移する前に見つかってよかった、という安堵の気持ちが強かったように思う。病気を自覚し、定期的に検査を受けておいてよかった、手術をすればなんとかなる、と思った。どんな手術方法があるのか、手術方法によってリスクがどう違うのかを知りたかったので、片っ端から論文を調べた。「何ができるか」を考えることに全精力を注いだ。起こってしまったことや、自分の力の及ばないことは考えてもしかたないことだ。

これまで、**「どうして、自分だけこんな目にあわなければいけないんだ」**と思ったことはない。ウソじゃない。いらだつことはあっても、自分の運命を呪ったことはない。これは大きな違いだ。

こういう状況でくよくよしたり、自分を哀れんだりしてもしかたない、と僕は思っている。そんなことをしても何も解決しない。それに、心も体も悪くなるだけだ。

癌に直面する恐怖は、いろんなかたちで、つねに付きまとっている。それでも、つぎにどうするかを考える以外に道はないのだ。正直なところ、僕にとって、いつも前向きの姿勢でいることは、むずかしいことではない。

なぜなのか。答えは簡単だ。三〇年近く、家族や友だちが来る日も来る日も僕のバケツに水を注ぎ続けてくれたからだ。

水のあふれるバケツは誰にでも必要

僕の場合は、バケツに水があふれていた極端な例だ。この話をはじめて読んだら、僕ですらウソっぽいと思う。でも、ウソはひとつもない。進行性の病気で、腫瘍がつぎつぎできるなかで、あふれるバケツは文字どおり、僕の命を救ってくれた。

年を重ねるにつれ、大きな試練に直面する可能性は高くなる。そんなとき、「自分はなんてついてないんだ」とか「人生は不公平だ」と思いがちだ。でも、困難にぶつかったからといって、それに振りまわされることはない。困難にぶつかったとき、どう対処するか、どんな心構えでいるかのほうが、ずっと重要だと思う。自分の強みを見つめ、伸ばしていけば、試練に直面したときに押しつぶされないですむ。そして、困難な状況で何ができるかを考えることによって、命が助かるだけでなく、人として成長できるのだ。

第5章　ひとりひとりに合ったやり方で

もちろん僕の話は極端だが、バケツにたえず水を注がれることで前向きになり、生産性が上がった例はいくらでもある。多くの職場で日常的に起こっていることだ。

第2章で紹介した通信会社のオペレーターの話を覚えているだろうか。苦情の電話に適切に対応して顧客を納得させたオペレーターの話だ。対応のよさに感激した顧客が、担当者の名前を聞き、後でその上司に電話して、その感激を伝えたとする。部下のテッドが「親しみやすい話し方で」「てきぱきと解決策を教えてくれた」という顧客の説明を、上司は必死で書きとめている。

三〇分後、いらだっていた別の客に納得してもらい、電話を切ったテッドのもとに（そうなのだ、テッドはこれを一日中やっているのだ）上司から電子メールが届く。

メールは、ＣＣで仲のいい同僚にも送られている。タイトルには「本日の快挙」とある。急いで本文に目を走らせると、そこには、テッドの対応で顧客が感激したことが書いてある。顧客が言ったことをそのまま引用しながら、具体的にどう対応したかが説明してある。最後はこうしめくくられていた。テッドの対応は、ひとりの顧客を満足させただけではない。「その人の一日を明るくしたのだ」

メールを読んだテッドは、自然に頬がゆるんだ。一日中、いらだつ客の対応に追われて疲れていたが、このメールで疲れは一気に吹き飛んだ。

テッドの上司は、バケツに水を注ぐときの極意がわかっていた。**「褒めるなら、ひとりずつ、具体的に、褒めるに値する点を褒める。そうすれば本人の喜びも大きく、効果があがる」**。メールのコピーをテッドの同僚にも送れば、テッドのバケツから水があふれることも知っていた。そして、この上司は、おそらく、この方法が誰にでも通用するものでないことも知っていただろう。部下のなかには、目立たないように、そっと肩を叩いてねぎらってほしい人もいれば、大勢の前で褒めてもらいたい人もいる。

要するに、バケツに水を注ぐとき、人によって合う方法、合わない方法がある。型にはまった表彰などでは効果が期待できない。無理して褒めているとか、心にもないことを言っているとか思われるようではうまくいかない。

従業員のやる気を引き出すはずの表彰が、まったく裏目に出てしまう場合もある。それも全員が見ている前で。

悪夢のシナリオ

ここで実際にあった話を紹介しよう。マネジャーのスーザンと、部下でトップ営業マンのマットの逸話だ。これは一九八〇年代、ギャラップがコンサルティングをした大手保険会社で実際に起きた出来事だ。スーザンは営業部門のマネジャーに就任してすぐ、成功を収めるには、営業担当者らのやる気を引き出し、部門全体の成績を引き上げなければならない、と考えるようになった。

営業経験があるスーザンは、大きな賞をもらい、大勢の同僚の前で成績優秀者として紹介され、喝采を受けるのが快感だった。勤務時間中、壁に掛けた賞状を見上げては、賞をもらったときの高揚感を思い出したものだ。それがスーザンのやる気の源だった。

そこで営業成績を上げるには、優秀な担当者を大々的に表彰すればいいと考えた。表彰式は街の中心にある高級ホテルで開く。式典には担当者全員とその家族を招き、有名人による講演やショーを楽しんでもらう。

式の最後は、年間の成績優秀者の表彰だ。式を盛り上げるため、成績トップのマットの表彰は最後にとっておいた。これを、この夜のハイライトにするつもりだった。壇上の布で覆われたイーゼルに、参加者は興味津々だった。

これを励みにますます活躍してもらいたいとの思いから、スーザンはマットの功績を長々と紹介し、褒めちぎった。そして、マットの名前を呼びながら布を引っ張り、記念プレートを高々と掲げた。これこそ、この数週間、スーザンが頭に描いていた瞬間だ。想像では、マットは満面に笑みを浮かべているはずだった。

だが、その反応は予想もしないものだった。マットは怒っていた。顔は歪《ゆが》み、怒りで全身を震わせている。

怒りに震えるマットは、マイクに歩み寄り、まくしたてた。こんな賞なんか欲しくない。記念プレートなどもらってもしかたない。これまで散々もらった。もうたくさんだ、とまで言い切った。

スーザンの人生で最悪の夜になった。この一件で営業担当者らの士気は下がった。が、それにも増して問題なのは、なんとかしてトップ営業マンをつなぎとめなければならないということだった。ショックから立ち直ったスーザンは、マットを高く評価していることをどう伝えたものか考えはじめた。

どんな褒め方でもよいというわけではない

スーザンはマットの人となりを調べることにした。そこでわかったのは、仕事ではやり手のマットも、二人の幼い娘にはメロメロだということだった。娘の話になると、とたんに目尻が下がる。写真を撮っては同僚に見せてまわっていた。

つぎの年もマットは成績優秀者に選ばれた。今度こそすばらしい表彰式にしようとスーザンは意気込んでいた。マットの妻に電話をかけ、マットには内緒で二人の娘を街一番の写真屋に連れていき、写真を撮ってきてほしいと頼んだ。

その夜、準備は万端に整っていた。式がはじまってすぐ、スーザンは、ひとりの男性を紹介したいと切り出した。その人物は営業成績はトップだが、人一倍、家族思いでもある。そう言って、スーザンが覆いをとると、マットの愛らしい二人の娘の写真が現れた。

写真を目にした途端、マットは壇上に駆け上がり、スーザンに抱きついた。目は潤んでいる。居合わせた者がみな、心を動かされる光景だった。マットにとって、これほど心に残り、自分を認めてくれた表彰式はなかった。これをきっかけに、マットのスーザンに対する見方は変わり、仕事に対する姿勢も変わった。

その人に合ったやり方で褒める

この逸話から導かれる教訓は明らかだ。よく頑張ってくれたとねぎらい、欠かすことのできない貴重な人材だと伝えたいなら、その人に合ったやり方で評価し、褒めなくてはいけない。

職場でひとりひとりに合った方法でバケツに水を注げば、生産性が上がるうえに、揺るぎない信頼関係ができあがり、人生まで変えてしまうのだ。

第6章　バケツに水を注ぐための五カ条

自分やまわりの人たちの生活のなかでポジティブな意識を高めるには、バケツに水を注ぐ習慣をつけなくてはいけない。ここまで読まれた読者には、身のまわりでポジティブな意識が高まれば、人間関係がよくなり、生産性が上がり、人生が豊かになることをわかっていただけたのではないかと思う。

とはいえ、**頭でわかっているだけでは、前に進まない**。どんな目標でもそうだが、すばらしい目標を実現するには、具体的で実行に移せる計画が必要だ。そこで、四〇〇〇人以上を対象にしたインタビューの結果をもとに絞り込んだ「ポジティブな意識を高めるための五カ条」を紹介しよう。

ポジティブになるための5カ条

1. バケツの水をくみ出すのをやめる

2. 人のよいところに注目する

3. 親友をつくる

4. 思いがけない贈り物をする

5. 相手の身になる

1　バケツの水をくみ出すのをやめる

本気で貯金したいなら、まずはお金を借りるのをやめなければいけない。これとおなじで、バケツに水をためたいなら、まずバケツの水をくみ出すのをやめなければいけない。

「バケツとひしゃくの理論」を知った知人が、これを実践しようと考えた。まずは他人のバケツから水をくみ出さないようにしたい。そこで、誰かと話をするときには、自分の一言一言が、相手のバケツに水を注ぐことになるのか、それともくみ出すことになるのかを自問するように心がけた。最初は苦労したが、しばらくすると、うまくいくようになった。否定的な言葉が出そうになったら、それを呑み込み、代わりに肯定的なことを言うようにして、自分自身もまわりの人も気持ちよく過ごせるようになったという。

今日から二、三日、バケツから水をくみ出すようなことを言いそうになったら、やめる努力をしてみよう。最近の自分の発言を点検してみよう。人をバカにしなかっただろうか。弱みにつけこまなかっただろうか。相手の欠点をあからさまに指摘しなかっただろうか。ひとつでもあてはまるなら、つぎからは、頭のなかの「ちょっと待て」ボタンを押そう。

自分がバケツの水をくみ出すのをやめられたら、まわりの人にもそうしてもらえるように働きかけよう。会社や学校で、いつも人を批判したり、バカにしたりしている人はいないだろうか。そうした人たちが「寄ってたかって」誰かのバケツから水をくみ出しているのに気づいたことはないだろうか。今度、バケツから水がくみ出されているのに気づいたら、行動を起こさなくてはいけない。ネガティブな発言や行動は害にしかならないということを、わかってもらう努力をしなくてはいけない。

とはいえ現実には、いくら自分が頑張っても、何事にもネガティブな人や、やたらと他人を傷つける人たちがそう簡単に変わるわけではない。長い柄のひしゃくを使って、他人のバケツから水をくみ出そうと待ち構えている。ポジティブの手本を見せてもうまくいかなければ、こうした人たちとは付き合わないようにするにかぎる。それが自分の幸福と心の健康のためというものだ。

意識してバケツから水をくみ出すのをやめられるようになったら、自分の会話を採点して、記録をつけてみよう。まず最近の会話を思い出してみる。発言がポジティブだったか、ネガティブだったか、ひとつひとつ点検する。頭のなかで「プラス」か「マイナス」をつける。必要なら書き出してもいい。

ポジティブな発言とネガティブな発言のどちらが多かっただろうか。ポジティブな発言とネガティブな発言の割合は、第3章で述べた五対一の「魔法の比率」に近づいているだろうか。

2　人のよいところに注目する

ひとつひとつの会話が、相手のよい面に光を当て、バケツに水を注ぐチャンスになる。

知り合いの女性が最近、よい面を見ることがいかに大きな力をもつかを発見した。この女性は結婚生活に不満があり、なんとか夫を変えようとしていた。自分との時間をもってくれないと不満をぶつけても、夫は言い訳しかしない。そこで、自分が気に入らないところ、夫に直してもらいたいところをひとつひとつ指摘していった。だが、それは逆効果だった。

夫に不満をぶつけても埒《らち》があかないので、違ったことを試してみようと考えた。夫がよくやってくれていることや、夫のいいところを見ようとしたのだ。自信はなかったが、これ以上、失うものは何もない。どうなったか。何日かたつと、仕事から帰った夫は前より機嫌がよくなり、妻に話しかけ、一緒の時間を過ごすようになったのだ。夫の細やかな心配りや温かい言葉で、妻のバケツは満たされるようになった。妻の笑顔が夫のバケツを満たしたように。

妻にとってなにより意外だったのは、自分自身の心境の変化だった。夫のよいところを見ようとしたら、悪いところにばかり目がいっていたころより、自分自身の気持ちが明るく、前向きになったのだ。それ以来、ほかの人と接するときも、以前よりずっと前向きになった。数週間たつと、この夫婦は、自分たちが発見したポジティブなエネルギーを友だちや同僚に伝えるようになった。

毎日、バケツに水を注ぎ続けていくことの長期的な影響を侮《あなど》ってはいけない。心理学者のバーバラ・フレデリクソンによれば、ポジティブな意識は「人から人へ連鎖」の輪を広げ、幅広い影響を与えるという。[1] 本人には直接見えなくても、その影響は確実に広がっていく。

バケツに水を注ぐたびに、何かが動きはじめる。

こう考えてみてほしい。一人が一日に二人のバケツに水を注ぎ、その二人が別の二人のバケツに水を注ぐとすれば、一〇日後には一〇〇〇人以上のバケツに水が注がれることになる。二人ではなく五人のバケツに水を注いでいけば、わずか一〇日で一九〇〇万人のバケツに水が注がれることになるのだ。

この輪を広げていこう。誰かがバケツに水を注いでくれるなら、ありがたく受け取ろう。拒んだり、遠慮したりしてはいけない。褒められたり、評価されたりしたときは、「ありがとう」とお礼を言って、相手のバケツにも水を注ぐ。こうすれば、より確実にあなたのポジティブなエネルギーが伝わるだろう。

自分が他人とくらべて、どの程度バケツに水を注いでいるのか、知りたくないだろうか。つぎのページに掲載したテストは、バケツに水を注ぐことが習慣になっているかどうかを調べるためのものだ。いますぐこのテストをして、現時点での「あなたのポジティブ度」を確かめてみよう。

あなたのポジティブなエネルギーは、低いのか、中程度か、それとも高いのか。友だちとくらべてみるのも、おもしろいだろう。同僚や友だち、家族のなかから、バケツに水を注ぐ達人が見つかるかもしれない。

いますぐ、やってみよう。そして、二、三カ月後にもう一度テストしてみよう。ポジティブ度は上がっているだろうか。

3　親友をつくる

子どもはたいてい、学校の勉強のほかに、スポーツや音楽などのクラブに入っている。やっていること自体に興味があるとはかぎらない。親に強制されたわけではないし、ちょっ

ポジティブ度テスト

1. 過去24時間以内に、誰かの手助けをした。
2. わたしはとても思いやりがあると思う。
3. ポジティブな人と一緒にいるのが好きだ。
4. 過去24時間以内に、誰かを褒めた。
5. まわりの気持ちを明るくするコツをおぼえた。
6. ポジティブな人と一緒にいると能率が上がる。
7. 過去24時間以内に、「あなたを気にかけている」と本人に伝えた。
8. どこに行っても、知り合いをつくるよう心がけている。
9. 自分が褒められると、誰かを褒めたくなる。
10. この1週間のあいだに、自分が聞き役になって、誰かに目標や希望を存分に話してもらった。
11. 落ち込んだ人を笑わせられる。
12. 同僚や友人を、本人が気に入っている呼び方で呼ぶようにしている。
13. 同僚がすばらしい仕事をしたら、それに気づく。
14. いつでも誰にでも笑顔で接している。
15. よいことをしている人がいれば、褒めたくなる。

ともうまくならないのにやめないのはなぜだろうか。その理由はおそらく「親友」がいるからだ。大人が、理想とはほど遠く、不健康ですらある会社を辞めないのもおなじだ。

自分のことを考えてみても、グループやチーム、組織に所属し続けているのは親友がいるから、ということがあるはずだ。ここで「親友」という言葉を使ったのは、数多くの企業を調査した結果、ただの「友だち」や「仲のいい友だち」ではなく「親友」がいることこそ重要であることがわかったからだ。職場に親友がいる人は、トラブルが少なく、顧客からの評価も生産性も高い。

「親友」というと、ひとりだけだと思うかもしれないが、親しい友だちひとりにかぎる必要はない。職場や家庭、趣味やボランティアのサークルに、それぞれ親友をもつようにしてもいい。

すばらしい人間関係ができれば、人生の満足度は飛躍的に上がる。有名な心理学者のエド・ディーナーは「自分が幸福だと強く感じている人たちは、質の高い人間関係をもっている」という。[2] 逆に、孤独な生活を送っている人たちは、精神的に不健康であるという。

自分と親友との関係について考えてみよう。おそらく、知り合ったばかりのときに、ポジティブな会話を積み重ねたことで、そういう関係になれたのではないだろうか。はじめにネガティブな態度ばかりとったのでは、親しくはなれない。初対面の人と会うときには、この点を頭に入れておいたほうがいい。

まずは、よく顔を合わせている人の名前を知ることからはじめよう。そのとき、本人が気に入っている呼び方を知るのがポイントだ。ささいなことのようだが、印象がずいぶん違うかもしれない。名前を知らなければ、親しくはなれない。名前を知った途端、ただの知り合いが友だちになることだってある。

大勢の人と付き合う場合でも、少数の人と深く付き合いたい場合でも、最初の会話で相手のバケツに水を注ぐのがポイントだ。バケツに水を注ぐことは、新しい友だちをつくるときだけでなく、いまの友だちとの関係を深めたいときにも威力を発揮する。相手のバケツに水を注ぐのを怠けていると、関係は長続きしないし、深くならない。

今日からすぐ実践しよう。まずは自分にとって、いちばん大切な人のバケツに水を注ごう。自分にとって、どれほど大切なのかを具体的に伝える。「わかっているはずだ」などと思ってはいけない。わかっていても、口に出して言ってもらえばうれしいものだ。相手の人となりを知る努力を続けよう。信頼は深まり、よい関係が長続きするようになる。

友だちの話は先入観をもたないで聞き、前向きに受け止める。頑張っていることを応援し、励ます。メンターになる。そこまでいかなくても、「いつでも温かい言葉をかけてくれる」と頼られる人になる。

家族や友だちに、これを実践し続けよう。職場では、誰かがすばらしい仕事をしたときに「真っ先に気づいてくれる」と言われるようにする。一緒に仕事をする相手や、付き合いのある人について、つねに新しいことを知ろうとする。顔見知りはもちろん、初対面の人のバケツにも水を注ごう。

そうすれば、あなたのまわりに人の輪ができるだろう。

4　思いがけない贈り物をする

第3章では、朝のテレビ番組『トゥデイ』のケイティ・クーリックのコーナーで、虐待やいじめを受けていたブライアン・ベネットが、小学校の女性教師の一言に勇気づけられて立ち直った話を紹介した。この朝のコーナーには、その話に加えて、意外な展開が用意されていた。ブライアンが話を終えると、司会のクーリックは恩師をスタジオに招き入れた。夫婦で登場した恩師を見て、ブライアンの顔は輝いた。恩師の夫も、高校時代にブライアンが慕っていた先生だったのだ。

ブライアンの恩師のバーバラとマック・ブレッドソー夫妻には、じつは有名な息子がいた。ＮＦＬ（ナショナル・フットボール・リーグ）の花形クォーターバックのドリュー・

ブレッドソーだ。クーリックは夫妻と話した後、ブライアンにもうひとつ、とっておきのプレゼントを用意していると言った。そこにドリューが登場し、ブライアンにジャージとフットボールを手渡した。思いがけない贈り物にブライアンは感極まった。

最近のある世論調査では、大多数の人が、贈り物をもらうなら、突然もらったほうがうれしいと答えている。贈り物は、前もってわかっていたとしてもうれしいものだし、もらったときにはバケツには水がたまる。だが、どういうわけか、思いがけずもらうほうが、バケツにたまる水の量がほんの少し多いようだ。驚きの要素が加わるからだろう。贈り物は何も大きなものである必要はない。

高級百貨店のサックス・フィフス・アベニューは、ある実験をおこなった。[3] 常連でない客に、店員が小さなプレゼントを贈って驚かせる作戦だ。ささやかな感謝のしるしにすぎないが、客は喜んだ。そして店員も喜んだ。この作戦のおかげで、たまに店に立ち寄る程度だった客が常連客になり、売り上げが伸びたという。

思いがけない贈り物は、目に見えるものでなくてもかまわない。相手を信頼することや、責任をもたせることも贈り物になる。個人的なことを話したり、秘密を打ち明けたりすることでも、相手のバケツに水はたまる。

ささやかでいいから、相手を驚かせるような贈り物の機会を見つけよう。おもしろい雑貨を贈ってもいいし、抱きしめたり、一杯のコーヒーをご馳走したりすることだっていい。笑顔だって、心のこもった思いがけない贈り物になる。相手が知らないことを教えてあげてもいい。相手の気持ちが明るくなるような本、記事、話はないだろうか。

思いがけない贈り物の精神を生かして、読者のみなさんにも、ここでプレゼントを差し上げよう。それは、一〇〇万人以上の人たちが自分の強みを見つけるのに役立ってきたものだ。何十年にもわたるギャラップの調査の成果であり、四八カ国で活用されているもの。ベストセラーになった『さあ、才能《じぶん》に目覚めよう』[4]をはじめ、祖父の代表的な著書の柱といえるものだ。

その名は、「ストレングス・ファインダー」。祖父は、ひとりひとりの隠れた才能を発見できるように、インターネットを利用した評価システムをつくった。この評価をおこない、自分の強みを発見した人は、自分に自信をもち、前向きになり、生産性が上がり、進むべき道がはっきりしたという調査結果が出ている。[5]そして、自分だけでなく、他人の強みにも注目するようになる。つまり、相手のバケツに水を注ぐようになる。「ストレングス・ファインダー」を試し、自分の天性の強みを知ることで、自分のバケツを満たし、人のバケツに水を注ぐ達人になってもらいたい。

この本のカバーの裏側には、一四桁のＩＤ番号が記載されている（番号は一冊ごとに異なっている)。インターネットで http://www.strengthsfinder.com にアクセスし、この番号を打ち込めば、無料で「ストレングス・ファインダー」のテストが受けられる。すべての質問に答え終わると、その人に合ったガイドがもらえ、上位五つの強みを生かせるようになる。この機会に自分自身を見つめ、その結果を家族や友だちに話してみよう。

5　相手の身になる

「自分がしてもらいたいと思うことを、相手にもする」というのが常識だが、バケツに水を注ぐことについては、この常識はあてはまらない。やり方を少し変えて、「相手がしてもらいたいと思っていることをする」方法を勧める。このことは第5章で述べたが、もう一度、念を押しておきたい。確実に相手に伝わるかたちでバケツに水を注ぐには、相手に合わせることがカギになる。バケツに水を注ぐときには、常識を覆す、少なくとも見直すべきだ。

表彰式で娘の写真を見て感激した営業マンのマットの例でもわかるとおり、人によってバケツの水滴になるものは違う。逆にいえば、バケツにたまる水滴が、その人の特徴そのものだということになる。誰もがおなじものに、おなじだけの価値を感じるわけではない。

目に見える報酬や贈り物を喜ぶ人もいれば、言葉や評価に感激する人もいる。大勢の前で温かい言葉をかけてもらいたいと思う人もいれば、自分が愛する人、尊敬する人から直接、褒められるのがうれしい人もいる。

相手に合わせることには、もうひとつ重要な面がある。こちらが褒めたり、評価したりすることによって、相手は自分の才能に目覚め、将来その分野で活躍できるようになるかもしれない。だからこそ、バケツに水を注ぐときには、相手に合わせることが大切なのだ。

そうはいっても、何から手をつければいいのかわからないという人は、まず、いくつか質問するだけでいい。つぎのページに質問の例を紹介しておくので、友だちに試してみてほしい。もしあなたがマネジャーなら、部下にこの質問をして、その答えをもとに行動すれば、驚くほど効果があがるだろう。また、この質問を名刺大の大きさにまとめたものを巻末に記載している。これを切り取って活用してほしい。

相手に合わせた方法をとったうえで、どこがどういいのか具体的に褒めることが、相手にとって意味がある。手紙や電子メールに書いて送るのも、いい方法だ。書いたものは後々まで残るので、受け取った本人が折にふれて読み返すことができる。

この本の巻末には「水滴のかたちをしたカード」が五枚ついている。ちょっとしたお礼を言ったり、褒めたりするときに、このカードを使ってほしい。もちろん、自分らしく、

相手は何をしてほしいと思っているか？

1. どんな呼び方で呼ばれたいだろうか。

2. 「いちばん関心をもっているもの」は何だろうか。人に話したくて、うずうずする趣味や興味は何だろうか。

3. ポジティブな感情を増やすもの、心のバケツをいっぱいにするものは何だろうか。

4. 誰から褒められ、認められたらうれしいだろうか。

5. どんな方法で褒められ、認められたいだろうか。人前がいいか、それとも非公式がいいか。あるいは、紙に書かれたもののほうがいいか、口で伝えられるほうがいいか。

6. どんなかたちで評価されると、やる気が起きるだろうか。ギフト券をもらったときか、コンテストで優勝したときか、あるいは、メモや電子メールをもらったときか。

7. これまででいちばんうれしかったのは、どんな評価だろうか。

また相手が喜びそうな方法を考えてもいい。

この水滴カードは、企業や学校、教会などで三〇年以上にわたって活用されてきた。利用者は数百万人にのぼる。受け取ったカードを、自分が頑張った証として大事に保管している人もいる。カードを使った人の声をいくつか紹介しよう。

・カードは褒めるときに使う。「すばらしい仕事をしてくれた」とか「いい仕事をしてくれてありがとう」というときに使っている。

・カードを使えば、それまでにはなかったポジティブなエネルギーが生まれる。

・カードは誰が誰に贈ってもかまわない。上司から部下へ、あるいは部下から上司へ一方的に贈るものではない。上司や部下、同僚、あらゆるところから贈られてくる。上司が部下に「よくやった。つぎも頼む」という場合にかぎって使われるわけではない。

・誰かに「ありがとう」を言いたいとき、いい仕事をした人にすばらしいと言いたいときにカードを使う。カードは、「あなたについて、こんなことを知っている。気にかけている。それを知ってもらいたい」と相手に伝えるための手段になる。

・とにかく使ってみるにかぎる。自分が書いたカードを贈って、まわりにも勧めてほしい。アイデアのすばらしさに興奮し、使わずにいられなくなるはずだ。学校や会社の身近な人たちで試したら、その効果に驚くはずだ。

ここで僕自身の「カード」の例をひとつ紹介しよう。つぎのページのカードは、第4章で紹介したように、僕にビジネスをはじめることを勧めてくれた祖父へのお礼の気持ちを、一一歳のときに書いたものだ。

ひとつ提案しよう。毎月、最低でも五枚のカード（ほかのものでもかまわない）にお礼や褒め言葉を書くことを目標にしよう。必要なら巻末のカードを取り外し、目に見えるところにおいておこう。そうすれば忘れずに書くことができる。

感謝の気持ちを書いたカードは、そっと本人に渡してもいいし、送ってもいい。ファンファーレとともに読み上げたってかまわない。相手の心のバケツに水がたまるなら、どんな方法でもかまわない。何より大切なのは、相手のバケツをいっぱいにすることなのだから。

A
DROP
FOR
YOUR
BUCKET
11/4/82
Thanks for giving me the idea of starting Biz Kids. It has really helped me learn about business. I think it was a great idea and am very glad I pursued it. Biz Kids is now successful because of your excellent ideas!
Love,
Tom
COPYRIGHT 1970
THE GALLUP ORGANIZATION

ビズキッズをはじめるというアイデアを教えてくれてありがとう。おかげでビジネスとはどういうものかが、よくわかりました。すばらしいアイデアを実行してよかった。おじいちゃんのすばらしいアイデアのおかげで、ビズキッズは大成功です。 愛をこめて　トム

エピローグ

一年間、毎日バケツに水を注ぎ続けたら、どうなっているだろう。こんなふうになっているのではないだろうか。

・職場は生産性が上がり、楽しくなっている
・友だちが増えている
・同僚も顧客も満足度が上がり、愛着が増している
・夫婦の絆が強くなっている
・家族や友だちともっと親密になっている
・健康で、幸せになって、長生きへの道を歩んでいる

日々の生活のなかでバケツに水を注ぐことがいかに大切かは、科学的にも証明されているし、実例もたくさんある。自分のまわりの人たちがポジティブになるよう働きかけよう。大きな成果があがるはずだ。世界を変えることだってできるかもしれない。

もう一瞬だって無駄にしてはいけない。**水を注いでもらえるのを待っているバケツが、そこにあるのだから。**

謝辞

祖父に代わって僕から、この本に貢献してくれた方々にお礼申し上げたい。この謝辞にとりかかる前に祖父は亡くなったが、本にかかわったすべての人たちにお礼を言いたがっていた。この本は、数千人とはいわなくても、数百人の英知が結集してできたものだ。

個人的には、人を育てる名人である祖母のシャーリー・クリフトンにまず、お礼を言いたい。第4章で書いたが、祖母は僕が小さいころ、毎日、本を読み聞かせ、いつも気にかけてくれた。つねに僕の大好きな先生だった祖母を、敬意をもって「親友」と呼ばせてもらいたい。僕たち家族が学び、成長し、活躍するのを祖母はいつも応援してくれている。

そして、すばらしい家族の中心で、まとめ役として、いまだに僕たちに影響を与え続けている。五八年間の夫婦生活のなかで、祖父の最高のサポーターであり、親友であり、生涯にわたるすばらしいパートナーだった。僕は二人の関係を何よりも尊敬している。祖父は、人のよい面の研究に生涯をかけたが、祖母というよき伴侶に恵まれたからこそ、それができたのだと思う。

その意味では、僕も、この本を書くにあたって支えてくれ、何よりも日々の生活によい影響を与えてくれている家族に感謝したい。

家族はみな日々、よい面に注目する人が増えるように努力している。コニー・ラス、ジム・クリフトン、メアリー・レクマイヤー、ジェイン・ミラーの指導や励ましがなければ、この本は完成しなかっただろう。

この本の執筆にあたって助力をいただいた専門家の方々にも感謝したい。本書は、祖父と僕の二人だけで書いたわけではない。ギャラップや心理学界などで長年にわたって共同で研究してきた成果だ。

出版にこぎつけるまでに、とくに骨を折ってくれた人物が二人いる。ゲオフ・ブリュワーは有能な編集者で、言葉に磨きをかけてくれた。ピョトレック・ジュスズキウィッチは、この本がいいものになるように隅々にまで目を光らせてくれた。この本の、ほんとうの意味での「共同制作者」であるだけでなく、かけがえのない友人でありパートナーだ。

ラリー・エモンドのリーダーシップなくしては本書は実現しなかった。貴重な意見を述べ、全体的な方向性について助言してくれた。トーニャ・フレッドストロム、トム・ハットン、トスカ・リー、スーザン・サフスは、何度も草稿を読んでくれた。ケリー・ヘンリー、ポール・ペッターズ、バーブ・サンフォードは、すばらしい校正者、編集者、校閲者である。モリー・ハーディン、キム・シメオン、キム・ゴールドバーグはレイアウトを完璧にしてくれた。クリストファー・パーディは、デザインについて専門家として助言をしてくれた。ブレット・ビッケルは、マット・ジョンソン、コリー・ケオフ、スワティ・ジェイン、ティベリウス・オスバーンを率い、本書と連動したウェブサイト（www.bucketbook.com〔英語版のみ〕）を作成してくれた。

本書の考え方全般に影響を与えた世界的な心理学者、ミハイ・チクセントミハイ、エド・ディーナー、バーバラ・フレデリクソン、ダニエル・カーネマン、クリストファー・ピーターソン、マーティン・セリグマンにも敬意を表したい。

草稿を何度か推敲するうえで、以下の方々にはとくにお世話になった。ヴァンダナ・オールマン、チップ・アンダーソン、デビー・アンスティン、ラクシャ・アロラ、ケリー・アイルウォード、シェリル・ビーマー、アイリーン・バークランド、ジェイソン・カー、デブ・クリステンセン、ジュリー・クレメント、カート・コフマン、バリー・コンチー、ジョン・コンラッド、クリスティン・コベール、カーク・コックス、スティーヴ・クラブツリー、マイケル・クーダバック、ベット・カード、ラリー・カード、ティム・ディーン、リネイ・ディ、ダン・ドラウス、エルディン・エーリック、シェリー・エーリック、ミンディー・フェイス、ピーター・フラーデ、ガブリエル・ゴンザレス＝モリナ、サンディ・グラフ、トリシャ・ホール、ジム・ハーター、ティー・ハートマン、ソニー・ヒル、ブライアン・ヒトレット、ティム・ホッジズ、アリソン・ハンター、マーク・ジョン、トッド・ジョンソン、エミリー・キルハム、ジム・クロイガー、ジェリー・クロイガー、アーロン・ラムスキー、ジュリー・ラムスキー、スティーヴ・リーグル、カート・リースヴェルト、ロザンヌ・リースヴェルト、シャロン・ルッツ、ジャン・マインツ、ジャック・メリ、ジャン・ミラー、ブラッド・ムラディ、アンディ・モニク、パム・モリソン、ゲイル・ミューラー、スー・マン、ジャック・マーフィー、グラント・マスマン、ロン・ニューマン、エリック・ニールセン、テリー・ノエル、マット・ノルキスト、マリー・ルー・ノバク、スティーヴ・オブライエン、エリック・オルセン、デイヴィッド・オズボーン、アシュレイ・ペイジ、ロッド・ペナー、マーク・ポーグ、アダム・プレスマン、スーザン・ラフ、ジレンヌ・ライムニッツ、ジョン・ライムニッツ、ジェイソン・ローデ、パム・ルールマン、ゲイリー・ラッセル、ロビン・シールズ、シェリル・シーグマン、ゲイリーン・シャーロッド、ジョー・ストロア、ロス・トンプソン、ローズマリー・トラヴィス、サラ・ヴァン・アレン、マーティン・ウォルシュ、ジェイソン・ウェバー、クリステ・ウィーデンフェルド、ジョン・ウッド、アル・ウッズ、ウォーレン・ライト。

最後に、日夜、人のよい面を研究し、教え、信じている、ギャラップの多くの同僚や友人に感謝してこの謝辞をしめくくりたい。祖父が生涯をかけた研究に協力してくれたことに、最大限の感謝を贈りたい。

訳者あとがき

「どうしてバケツなのだろう?」という最初に抱いた素朴な疑問は、訳し終えたいま、「どうしてもバケツでなければいけなかったんだ」という確信に変わりました。

あふれる水は、生命力の象徴。豊かさを感じさせます。そして、他人のちょっとした一言に傷ついたり、逆に勇気づけられたりするさまは、たしかに水が減ったり増えたりするのに似ています。人とのやりとりは、ごく日常的なこと。だからこそ、バケツとひしゃくのように、身近にあるものでなければならなかったのではないでしょうか。

心のなかのバケツが現実のバケツと違うのは、相手のバケツに水を注いだからといって、自分のバケツの水が減るわけではなく、逆に増えるところ。お互いが幸せになれる「幸福のバケツ」だということです。

「幸福のバケツ」などと言われると、浮ついた感じがして、なんとなく疑わしいと思う方がいらっしゃるかもしれませんが、そこは世界的な調査会社、ギャラップの会長をつとめたドナルド・クリフトンのこと。ポジティブな感情をもつことが、いかに心や体、頭にいいかを、客観的なデータを使って示してくれています。

とはいえ、データ以上にこの本を魅力的にしているのは、クリフトンの孫、トム・ラスの物語ではないかと思います。一七歳で左目を失明し、全身を癌に侵される恐怖とつねに闘いながらも、トムはあくまで前向きです。そしてそれは少しもむずかしいことではないと言います。幼いころからクリフトンをはじめ家族や友人が、バケツに日々、水を注ぎ続けてくれたおかげで、苦しいときも水が枯れることがないというのです。

自暴自棄になったり、運命を呪ったりしてもおかしくない状況で、あくまで強く、前向きなトムは、水のあふれるバケツがいかに大きな力をもつかを教えてくれているような気がします。クリフトンが「バケツとひしゃくの理論」を思いついてから、じつに四〇年あまりの歳月を経て、こうして本になったのも、トムの物語を待っていたからのような気がしてなりません。

残念ながら、クリフトンは本の完成を待たずして亡くなってしまいましたが、彼が提唱したポジティブな考え方は、きっとこの先も着実に受け継がれていくことでしょう。

この本が、読者のみなさんの心のバケツを満たす水滴になりますように。

最後になりましたが、翻訳に取り組んでいるあいだ、わたしのバケツにたくさんの水を注ぎ続けてくださった日本経済新聞社の伊藤公一さん、そして多くの友人に感謝申し上げます。

二〇〇五年五月

高遠裕子

『あなたのなかにあるセールスの才能』加賀山卓朗訳、日本経済新聞社〕

Snyder, C. R. (2000). The past and possible futures of hope. *Journal of Social and Clinical Psychology*, 19, 11-28.

Tucker, K. A. & Allman, V. (2004). *Animals, Inc.* New York: Warner Books.〔邦訳『アニマルズ・インク』小川敏子訳、日本経済新聞社〕

Winseman, A. L., Clifton, D. O., Liesveld, C. (2003). *Living your strengths: Discover your God-given talents, and inspire your congregation and community.* Washington, D. C.: The Gallup Organization.

参考文献

Buckingham, M. & Coffman, C. (1999). *First, break all the rules: What the world's greatest managers do differently.* New York: Simon & Schuster. 〔邦訳『まず、ルールを破れ』宮本喜一訳、日本経済新聞社〕

Clifton, D. O. & Anderson, E. (2002). *StrengthsQuest: Discover and develop your strengths is academics, career, and beyond.* Washington, D.C.: The Gallup Organization

Clifton, D. O. & Nelson, P. (1992). *Soar with your strengths.* New York: Delacorte Press. 〔邦訳『強みを活かせ』宮本喜一訳、日本経済新聞社〕

Coffman, C. & Gonzalez-Molina, G. (2002). *Follow this path: How the world's greatest organizations drive growth by unleashing human potential.* New York: Warner Books. 〔邦訳『これが答えだ！』加賀山卓朗訳、日本経済新聞社〕

Curry, L.A., Snyder, C. R., Cook, D. L., Ruby, B. C., & Rehm , M. (1997). Role of hope in academic and sport achievement. *Journal of Personality and Social Psychology*, 73, 1257-1267.

Dodge, G. W. & Clifton, D. O. (1956). Teacher-pupil rapport and student teacher characteristics. *The Journal of Educational Psychology*, 47, 364-371.

Fitzgibbons, R. P. (1986). The cognitive and emotive uses of forgiveness in the treatment of anger. *Psychotherapy*, 23, 629-633.

Fredrickson, B. L. (2001). The role of positive emotions in positive psychology: the broaden-and-build theory of positive emotions. *American Psychologist*, 56, 218-226.

Fredrickson, B. L. & Joiner, T. (2002). Positive emotions trigger upward spirals toward emotional well-being. *Psychological Science*, 13, 172-175.

Fredrickson, B. L., Tugade, M.M.,Waugh, C.E., & Larkin, G.R. (2003).What good are positive emotions in crises ? A prospective study of resilience and emotions following the terrorist attacks on the United States on September 11th, 2001. *Journal of Personality and Social Psychology*, 84, 365-376.

Hodges, T. D. & Clifton, D. O. (in press). Strengths-based development in practice. *Positive psychology in practice.* New Jersey: John Wiley and Sons, Inc.

Hope, D. (1987). The healing paradox of forgiveness. *Psychotherapy*, 24, 240-244.

Smith, B. & Rutigliano, T. (2003). *Discover your sales strengths: How the world's greatest salespeople develop winning careers.* New York: Warner Books. 〔邦訳

4. Buckingham, M. & Clifton, D.O. (2001). *Now, discover your strengths.* New York: The Free Press. 〔邦訳『さあ、才能に目覚めよう』田口俊樹訳、日本経済新聞社〕
5. Rath, T. (2002). *Measuring the impact of Gallup's strengths-based development program for students.* Technical Report. Johns Hopkins University; and Cameron, K. S., Dutton, J. E., & Quinn, R.E. (2003). *Positive organizational scholarship.* San Francisco: Berrett-Koehler.

Handbook of Positive Psychology, pp.257-268. New York: Oxford University Press.
10. Maruta, T., Colligan, R. C., Malinchoc, M., & Offord , K.P. (2000). Optimists vs. pessimists: survival rate among medical patients over a 30-year period. *Mayo Clinic Proceedings*, 75, 140-143.
11. Danner D., Snowdon, D., & Friesen, W. (2001). Positive emotions in early life and longevity: findings from the nun study〔電子版〕. *Journal of Personality and Social Psychology*, 80, 804-813.
12. Smoking hits women hard. (1999, January 12). BBC News/BBC Online Network. 2003年8月20日に以下のサイトからダウンロード。http://news.bbc.co.uk/1/hi/health/253627.stm
13. Peterson, C., Seligman, M. E. P., & Valliant, G. E. (1988). Pessimistic explanatory style is a risk factor for physical illness: a thirty-five year longitudinal study. *Journal of Personality and Social Psychology*, 55, 22-27.
14. Peterson, C. & Bossio, L. M. (1991). *Health and optimism*. New York: The Free Press.
15. Fredrickson, B.L. Leading with positive emotions. 2003年8月20日にミシガン大学ビジネス・スクールの教員と研究に関する以下のサイトからダウンロード。http://bus.umich.edu/Faculty Research/Research/Trying Times/PositiveEmotions.htm

第4章

1. Diener, E. (2003, October). Positive psychology. ネブラスカ州オマハで開かれたギャラップ世界会議での報告。
2. Switzer, Gerry. (1985, April 9). Business is elementary for these school children. *Lincoln Journal-Star*, pp.1,8.

第6章

1. Fredrickson, B. (2003, October). Positive emotions and upward spirals in organizations. ネブラスカ州オマハで開かれたギャラップ世界会議での報告。
2. Diener, E. (2003, October). Positive psychology. ネブラスカ州オマハで開かれたギャラップ世界会議での報告。
3. Suffes, S. (2004, January). How Saks Welcomes New Customers. *Gallup Management Journal*. 2004年3月4日に以下のサイトからダウンロード。http://gmj.gallup.com/content/default.asp?ci＝10093

GMJ. (2002, March). *Gallup Management Journal.* 2003年8月20日に以下のサイトからダウンロード。http://gmj.gallup.com/content/default.asp?ci＝478
6．Harter, J.K., Schmidt, F.L., & Killham, E.A. (2003). Employee engagement, satisfaction, and business-unit-level outcomes: a meta-analysis. Washington, D.C.: The Gallup Organization; and Cameron, K.S., Bright, D., & Caza, A. (in press). Exploring the relationships between organizational virtuousness and performance. *American Behavioral Scientist.*

第3章

1．Hurlock, E.B. (1925). An evaluation on certain incentives used in school work. *Journal of Educational Psychology*, 16, 145-159.
2．Seligman, M. E. P. & Csikszentmihalyi, M. (2000). Positive psychology: an introduction. *American Psychologist*, 55,514.
3．Kahneman, D. (2002). A day in the lives of 1,000 working women in Texas. ワシントンで開催された第1回国際ポジティブ心理学サミットで発表。講演テープを起こした記録は以下のサイトから入手可能。http://www.gallup.hu/pps/kahneman_long.htm
4．2003年11月11日、Touchet, T.（エグゼクティブ・プロデューサー）、ニューヨーク、NBC.
5．Gottman, John. (1994). *Why marriages succeed or fail......and how you can make yours last.* New York: Fireside.
6．Cooke, R. (2004, February 17). 離婚が予測できると研究者は語る。2004年2月20日にボストン・グローブ・オンラインから引用。http://www.boston.com/news/globe/health_science/articles/2004/02/17/researchers_say_they_can_predict_divorces/
7．Losada, M. (1999). The complex dynamics of high performance teams. *Mathematical and Computer Modeling*, 30, 179-192.
8．Fredrickson, B. (2003, October). Positive emotions and upward spirals in organizations. ネブラスカ州オマハで開かれたギャラップ世界会議での報告
9．Witvliet, C.V.O., Ludwig, T. E., & Vander Laan, K. L. (2001). Granting forgiveness or harboring grudges: implications for emotion, physiology, and health. *Psychological Science*, 12, 117-123; Seligman, M.E.P. (2002). *Authentic happiness.* New York: The Free Press; and Snyder, C. R., Rand, K.L., Sigmon, D.R. (2001). Hope theory: a member of positive psychology family.

原 注

本書の執筆にあたり、長年にわたる心理学の研究や企業調査を参考にしたが、その多くは学術論文に収録されており、一般に読みやすいかたちにはなっていない。本書をまとめるにあたり、最も重要だと思われる調査を取り上げ、一般の読者にわかりやすいかたちにした。こうした努力によって、多くの人が、つぎに紹介するすばらしい研究成果を利用できるようになったのではないかと思う。

はじめに

1．Seligman, M.E.P. & Csikszentmihalyi, M. (2000). Positive psychology: an introduction. *American Psychologist*, 55, 514.

2．Clifton, D.O. (1966). The mystery of the dipper and the bucket.〔Brochure〕. Lincoln, NE: King's Food Host. Food Host USA, Inc.

第１章

1．Mayer, W. (Speaker).(1967). Mind control, the ultimate weapon. 講演テープを起こした記録は以下のURLで入手可能。http://store.yahoo.com/realityzone/mindcontrol.html

2．Clifton, D.O., Hollingsworth, F.L., & Hall, W.E. (1952, May). A projective technique for measuring positive and negative attitudes towards people in a real-life situation. *The Journal of Educational Psychology*, 273-283.

第２章

1．Harter, J.K., Schmidt, F.L., & Killham, E.A. (2003). Employee engagement, satisfaction, and business-unit-level outcomes: a meta-analysis. Washington, D.C.: The Gallup Organization.

2．George, J.M. (1995). Leader positive mood and group performance: The case of customer service. *Journal of Applied Social Psychology*, 25, 9, 778-794.

3．Theisen, T. (2003, March 25). Recognizing all staff members is an important task. *Lincoln Journal Star*, p.4A.

4．Bhattacharya, S. Unfair bosses make blood pressure soar. (2003, June). NewScientist.com. 2003年8月20日に以下のサイトからダウンロード。http://www.newscientist .com/news/news.jsp?id＝ns99993863

5．Post9/11, Compassionate companies had highly engaged employees, reports

■著者紹介

トム・ラス Tom Rath

ギャラップ社のプラクティス・リーダー。ベストセラー『さあ、才能《じぶん》に目覚めよう』の土台にもなっている評価システム〈ストレングス・ファインダー〉の開発に従事。ミシガン大学を卒業し、現在はジョンズ・ホプキンス大学に通う。ワシントンDC在住。

ドナルド・O・クリフトン

Donald O. Clifton（1924-2003）

ギャラップ社の元会長。「ポジティブ心理学の祖父」「強みの心理学の父」として、全米心理学会からその功績が認められている。世界中で一〇〇万人以上の人たちが自分の強みを見つけるのに役立ててきた評価システム〈ストレングス・ファインダー〉の発明者。ベストセラー『さあ、才能《じぶん》に目覚めよう』をはじめ、多数の著作をもつ。

■訳者紹介

高遠裕子（たかとお・ゆうこ）

翻訳家。おもな訳書に『魔法のコーチング』（日経BP社）『巨象も踊る』（共訳）『経営は「実行」』『いま、現実をつかまえろ！』（いずれも日本経済新聞出版社）など。

心のなかの幸福のバケツ

仕事と人生がうまくいくポジティブ心理学

二〇〇五年 五 月二四日 一版一刷
二〇一〇年 七 月二〇日 九刷

著　者　トム・ラス
　　　　ドナルド・O・クリフトン
訳　者　高遠裕子
発行者　羽土 力
発行所　日本経済新聞出版社
http://www.nikkeibook.com/
東京都千代田区大手町一-三-七
〒一〇〇-八〇六六
電話　〇三-三二七〇-〇二五一
印刷・製本　凸版印刷

ISBN978-4-532-31215-2

Printed in Japan

心のなかの幸福のバケツ

ポジティブになるための5カ条

1. バケツの水をくみ出すのをやめる
2. 人のよいところに注目する
3. 親友をつくる
4. 思いがけない贈り物をする
5. 相手の身になる

HOW FULL IS YOUR BUCKET?

バケツに水を注ぐための質問例

相手は何をしてほしいと思っているか?

1. どんな呼び名で呼ばれたいだろうか。
2. いちばん関心をもっているものは何だろうか。人に話したくて、うずうずする趣味や興味は何だろうか。
3. ポジティブな感情を増やすもの、心のバケツをいっぱいにするものは何だろうか。
4. 誰から褒められ、認められたらうれしいだろうか。
5. どんな方法で褒められ、認められたいだろうか。人前がいいか、それとも非公式がいいか。あるいは、紙に書かれたもののほうがいいか、口で伝えられるほうがいいか。
6. どんなかたちで評価されると、やる気が起きるだろうか。ギフト券をもらったときか、コンテストで優勝したときか、あるいは、メモや電子メールをもらったときか。
7. これまででいちばんうれしかったのは、どんな評価だろうか。

A DROP FOR YOUR BUCKET

www.bucketbook.com

A
DROP
FOR YOUR
BUCKET

www.bucketbook.com

A
DROP
FOR YOUR
BUCKET

www.bucketbook.com

A
DROP
FOR YOUR
BUCKET

www.bucketbook.com

A
DROP
FOR YOUR
BUCKET

www.bucketbook.com